Hotels Hoteles

Designer & Design

Arquitectura y diseño

Dedicated to Dr. Antonio Allona Almagro
H. A. K.

Dedicado al Dr. Antonio Allona Almagro
H. A. K.

Idea and concept/Idea y concepto: Hugo Kliczkowski & Paco Asensio   Author/Autora: Encarna Castillo   Copyediting/Edición y corrección: Susana González

English translation/Traducción al inglés: Books Factory Translations   Art Director/Dirección de arte: Mireia Casanovas Soley   Graphic design/Diseño gráfico: Emma Termes

HK   Copyright for the international edition/Copyright para la edición internacional:

© H Kliczkowski-Onlybook, S.L.
La Fundición, 15. Polígono Industrial Santa Ana
28529 Rivas-Vaciamadrid. Madrid
Tel.: +34 91 666 50 01
Fax: +34 91 301 26 83
asppan@asppan.com
www.onlybook.com

Editorial project/Proyecto editorial

LOFT Publications
Via Laietana, 32 4º Of. 92
08003 Barcelona. Spain
Tel.: +34 932 183 099
Fax: +34 932 370 060
e-mail: loft@loftpublications.com
www.loftpublications.com

Printed by/Impreso por:
EGEDSA, Spain

September 2003/Septiembre 2003

ISBN: 84-96137-14-7
D.L.: B-40106-2003

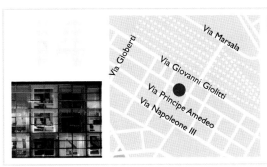

Es.hotel Roma

King & Roselli Architetti Associati

Address: Via Turati 171, Roma, Italy
E-mail address: info@eshotel.it
Web site: www.eshotel.it

Dirección: Via Turati 171, Roma, Italia
Correo electrónico: info@eshotel.it
Página web: www.eshotel.it

22

Dellearti Design Hotel

Giorgio Palù & Michele Bianchi
Architetti

Address: Via Bonomelli 8, Cremona, Italy
E-mail address: info@dellearti.com
Web site: www.dellearti.com

Dirección: Via Bonomelli 8, Cremona, Italia
Correo electrónico: info@dellearti.com
Página web: www.dellearti.com

28

Hotel Drei Raben

Daniela Hüttinger / Hüttinger
Exhibition Engineering

Address: Königstrasse 63, Nurenberg, Germany
E-mail address: hotel-drei-raben@t-online.de
Web site: www.hotel-drei-raben.de

Dirección: Königstrasse 63, Nurenberg, Alemania
Correo electrónico: hotel-drei-raben@t-online.de
Página web: www.hotel-drei-raben.de

34

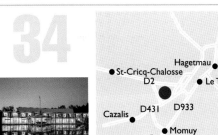

Hotel des Lacs d'Halco

Eric Raffy & Associés LV2A

Address: Route de Cazalis, Hagetmau, France
E-mail address: contact@hotel-des-lacs-dhalco.fr
Web site: www.hotel-des-lacs-dhalco.com

Dirección: Route de Cazalis, Hagetmau, Francia
Correo electrónico: contact@hotel-des-lacs-dhalco.fr
Página web: www.hotel-des-lacs-dhalco.com

42

Düsseldorf Seestern

Schneider + Schumacher

Address: Niederkasseler Lohweg 18, Düsseldorf, Germany
E-mail address: duesseldorf@innside.de
Web site: www.innside.de

Dirección: Niederkasseler Lohweg 18, Düsseldorf, Alemania
Correo electrónico: duesseldorf@innside.de
Página web: www.innside.de

48

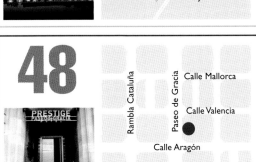

Hotel Prestige Paseo de Gracia

GCA Arquitectes Associats

Address: Paseo de Gracia 62, Barcelona, Spain
E-mail address: paseodegracia@prestigehotels.com
Web site: www.prestigepaseodegracia.com

Dirección: Paseo de Gracia 62, Barcelona, España
Correo electrónico: paseodegracia@prestigehotels.com
Página web: www.prestigepaseodegracia.com

54

 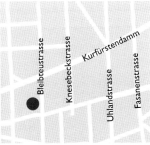

Bleibtreu

Werner Wilhelm Weitz

Address: Bleibtreustrasse 31, Berlin, Germany
E-mail address: info@bleibtreu.com
Web site: www.bleibtreu.com

Dirección: Bleibtreustrasse 31, Berlín, Alemania
Correo electrónico: info@bleibtreu.com
Página web: www.bleibtreu.com

62

Hotel-Museo Atelier Sul Mare

Diversos artistas

Address: Via Cesare Battisti 4, Messina, Italy
E-mail address: ateliersulmare@interfree.it
Web site: www.ateliersulmare.com

Dirección: Via Cesare Battisti 4, Messina, Italia
Correo electrónico: ateliersulmare@interfree.it
Página web: www.ateliersulmare.com

68

Hotel Arena

Ronald Hooft

Address: s-Gravesandestraat 51, Amsterdam, Nederland
E-mail address: info@hotelarena.nl
Web site: www.hotelarena.nl

Dirección: s-Gravesandestraat 51, Amsterdam, Holanda
Correo electrónico: info@hotelarena.nl
Página web: www.hotelarena.nl

72

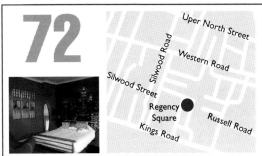

Hotel Pelirocco

Diversos artistas

Address: 10 Regency Square, Brighton, UK
E-mail address: info@hotelpelirocco.co.uk
Web site: www.hotelpelirocco.co.uk

Dirección: 10 Regency Square, Brighton, Reino Unido
Correo electrónico: info@hotelpelirocco.co.uk
Página web:www.hotelpelirocco.co.uk

78 — Convent de la Missió

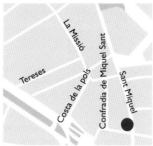

Antoni Esteva / Rafael Balaguer
Address: Carrer de la Missió 7, Palma de Majorca, Spain
E-mail address: hotel@conventdelamissio.com
Web site: www.conventdelamissio.com

Dirección: Carrer de la Missió 7, Palma de Mallorca, España
Correo electrónico: hotel@conventdelamissio.com
Página web: www.conventdelamissio.com

84 — Artushotel

Alain Perrier

Address: 34 rue de Buci, Paris, France
E-mail address: info@artushotel.com
Web site: www.artushotel.com

Dirección: 34 rue de Buci, París, Francia
Correo electrónico: info@artushotel.com
Página web: www.artushotel.com

Hotel Caravan Serai

Charles and Mathieu Boccara

Address: Ouled Ben Rahmoun, Marrakesh, Morocco
E-mail address: info@caravanserai.com
Web site: www.caravanserai.com

Dirección: Ouled Ben Rahmoun, Marrakech, Marruecos
Correo electrónico: info@caravanserai.com
Página web: www.caravanserai.com

100 — Ten Bompas

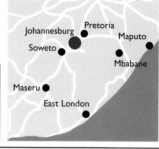

Zeghers Saaiman
Address: 10 Bompas Road, Dunkeld West, Johannesburg, South Africa
E-mail address: tenbomp@global.co.za
Web site: www.tenbompas.com

Dirección: 10 Bompas Road, Dunkeld West, Johannesburg, Sudáfrica
Correo electrónico: itenbomp@global.co.za
Página web: www.tenbompas.com

110 — The Adelphi

Denton Corker Marshall

Adress: 187 Flinders Lane, Melbourn, Australia
E-mail adress: info@adelphi.com
Web site: www.adelphi.com.au

Dirección: 187 Flinders Lane, Melbourne, Australia
Correo electrónico: info@adelphi.com.au
Página web: www.adelphi.com.au

116 — Clinton Hotel

Eric Raffy & Associes

Address: 825 Washington Ave, Miami Beach, US
E-mail address: hotel@clintonsouthbeach.com
Web site: www.clintonsouthbeach.com

Dirección: 825 Washington Ave, Miami Beach, Estados Unidos
Correo electrónico: hotel@clintonsouthbeach.com
Página web: www.clintonsouthbeach.com

124 — The Moderne

Address: 243 West 55th Street, New York, US
Web site: www.themodernehotel.com

Dirección: 243 West 55th Street, Nueva York, Estados Unidos
Página web: www.themodernehotel.com

130 — The Sagamore Hotel

Albert Anis

Address: 1671 Collins Avenue, Miami Beach, US
Web site: www.sagamorehotel.com

Dirección: 1671 Collins Avenue, Miami Beach, Estados Unidos
Página web: www.sagamorehotel.com

138 — Clift

McDonald & Applegarth

Address: 495 Geary Street, San Francisco, US
E-mail address: clift@ianschragerhotels.com
Web site: www.ianschragerhotels.com

Dirección: 495 Geary Street, San Francisco, Estados Unidos
Correo electrónico: clift@ianschragerhotels.com
Página web: www.ianschragerhotels.com

142 — Hope Springs

Steve Samiof / Mick Haggerty
Address: 68075 Club Circle Drive, Desert Hot Springs, US
E-mail address: manager@hopespringsresort.com
Web site: www.hopespringsresort.com

Dirección: 68075 Club Circle Drive, Desert Hot Springs, Estados Unidos
Correo electrónico: manager@hopespringsresort.com
Página web: www.hopespringsresort.com

150 Hotel Rouge
Mike Moore

Address: 1315 16th Street, Washington DC, US
Web site: www.rouge-dc.com

Dirección: 1315 16th Street, Washington DC, Estados Unidos
Página web: www.rouge-dc.com

156 Hotel Sheraton Centro Histórico
Pascal Arquitectos

Address: Avenida Juárez 70, México DF, México
E-mail address: dirgral@sheraton.com.mx
Web site: www.sheratonmexico.com

Dirección: Avenida Juárez 70, México DF, México
Correo electrónico: dirgral@sheraton.com.mx
Página web: www.sheratonmexico.com

162 Topaz Hotel
Dawson Design Associates

Address: 1733 N Street, Washington DC, US
Web site: www.topazhotel.com

Dirección: 1733 N Street, Washington DC, Estados Unidos
Página web: www.topazhotel.com

166 Ameritania Hotel

Address: 230 West 54th Street, New York, US
Web site: www.theameritaniahotel.com

Dirección: 230 West 54th Street, Nueva York, Estados Unidos
Página web: www.theameritaniahotel.com

The Marlin
L. Murray Dixon

Address: 1200 Collins Avenue, Miami Beach, Florida, US
Web site: www.islandoutpost.com

Dirección: 1200 Collins Avenue, Miami Beach, Florida, Estados Unidos
Página web: www.islandoutpost.com

182 Mondrian
Philippe Starck

Address: 8440 Sunset Boulevard, Los Angeles, US
E-mail address: mondrian@ianschragerhotels.com
Web site: www.ianschragerhotels.com

Dirección: 8440 Sunset Boulevard, Los Ángeles, Estados Unidos
Correo electrónico: mondrian@ianschragerhotels.com
Página web: www.ianschragerhotels.com

188 Albion South Beach
Igor Polevitsky

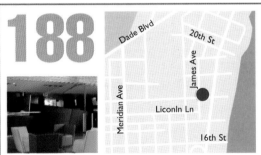

Adress: 1650 James Avenue, Miami Beach, US
Web site: www.rubellhotels.com

Dirección: 1650 James Avenue, Miami Beach, Estados Unidos
Página web: www.rubellhotels.com

194 The Commodore

Address: 825 Sutter St., San Francisco, US
Web site: www.thecommodorehotel.com

Dirección: 825 Sutter St., San Francisco, Estados Unidos
Página web: www.thecommodorehotel.com

200 The Time
Adam D. Tihany

Address: 224 West 49th Street, New York, US
Web site: www.thetimeny.com

Dirección: 224 West 49th Street, Nueva York, Estados Unidos
Página web: www.thetimeny.com

Different cultural, economic, social and political values have been transformed as they have shed some of the old concepts and transformed and adopted new ones. Along with this the concept of traveling has experienced significant change as well. The traditional dichotomy of traveling and doing tourism is making way for new forms and ideas. An example of this shift could be the health spas. The long stays of yesteryear involving lengthy treatments have been replaced by briefer ones with the treatment concentrated in only a few days, however with a truly extensive list of services and facilities. The customer no longer has so much leisure time and so hotels attempt to offer a more intensive experience in a shorter time. Likewise, customers no longer have to travel so far nor to such remote places nor spend so much time and energy in order to achieve the same enjoyment.

The leisure market is in constant expansion, consumers have more money to spend but at the same time, have less time in which to do it. In this seemingly jungle of offers the consumer attempts to choose what he is really interested in. Hotels are aware of this and nowadays it is not the individual who must adapt to what is on offer but rather, it is the offer that attempts to mold itself to the individual. By means of innovative and magical marketing formulas, the market attempts to tailor to the customer before he really even knows what he desires.

Traveling is no longer the exclusive domain of certain social classes or privileged or obliged professionals, but rather, is now within reach of everyone. It is also now another way to spend your free time. As the reason for traveling has changed so too, has what we expect of a hotel. Before it was a place to repose, now we sometimes expect it to be an experience in itself and even an introspective trip into our inner being, apart from the spatial trip. Guests search for a hotel that suits their own particular personality. It is not simply a monetary question but rather, the wish to experience new aesthetical, physical and psychological sensations, a desire for a new awakening of the senses, a wish to return to a past glamourized epoch, and the desire to feel exclusive in certain select ambiences, among other things.

It goes without saying that the different hotels located in distinct countries are to a large extent a reflection of the place, the culture and the way of life there. Thus, young North America affords innovative hotel concepts whereas the old Europe strives to preserve the essence of their history and culture, while the rest of the world attempts to find its place between these two colossi. We would venture to emphasize the importance of hotels nowadays, which the following statement could summarize: "Tell me what hotel you lodge at and I will outline your tastes".

The majority of the aforementioned new hotel concepts are dealt with in this book. There are establishments for repose and thermal baths, urban types for young nomads and even those that house art collections in the foyer or in the bedrooms.

This book affords a splendid sampling of contemporary hotels while at the same time illustrating the process and change that this ancestral — and inherent to man — activity of traveling has undergone, from its nomadic beginnings to its present-day standing as simply another leisure activity.

El concepto de viaje ha variado a medida que nuestra sociedad ha ido adquiriendo, transformando y desprendiéndose de los diferentes valores culturales, económicos, sociales y políticos. A la vieja dicotomía entre viajar y hacer turismo habría que añadir ahora otras nuevas formas de desplazamiento; así, por ejemplo, las tradicionales y largas estancias curativas en balnearios están siendo suplantadas por permanencias más cortas de fin de semana en hoteles que ofrecen una extensa lista de servicios y facilidades concentrados en dos o tres días. El cliente ya no dispone de tanto tiempo para el ocio y la oferta hotelera posibilita obtener en una estancia intensiva lo que habría que ir a buscar a lugares más remotos y, por tanto, emplear más tiempo y energía.

El mercado del ocio se amplía cada vez más en una sociedad que dispone de mayor poder adquisitivo pero también de menos tiempo para disfrutar en medio de una jungla de ofertas, que también se extiende a la gama de las diversas propuestas de los hoteles. Ya no es el individuo el que se adapta al mercado, sino que es el propio mercado, a través de las fórmulas mágicas del marketing, el que investiga para ofrecer el producto al cliente antes de que éste sepa lo que realmente quiere.

Ahora, el hecho de viajar ya no es patrimonio exclusivo de clases sociales o profesiones privilegiadas u obligadas a ello, sino que se ha socializado y extendido. Es también otra manera de usar el tiempo libre, ha cambiado el origen de su uso y, por consiguiente, también lo que a un hotel se le exige; antes era un lugar donde repostar, ahora a un establecimiento a veces se le pide que la estancia sea también una experiencia en sí misma, e incluso en algunos casos que suponga además un viaje interior y no sólo físico. El huésped busca el hotel que se adecue a su personalidad; no es sólo una cuestión monetaria, sino de experimentar sensaciones de diferente índole: estética, estímulo de los sentidos, cuidado físico y psíquico, viaje en el tiempo a una época mitificada, la sensación de sentir-se exclusivo de ciertos ambientes selectos y otras múltiples posibilidades.

Por supuesto, los diferentes tipos de hoteles que se hallan en los distintos países dicen mucho del lugar en el que se encuentran, de su cultura, de su manera de ver la vida. Así, Norteamérica es un ejemplo de innovadores conceptos hoteleros, mientras que Europa lucha por conservar su esencia de historia y cultura, y el resto de los continentes continúa en su intento de lograr un espacio entre estos dos colosos. Si deseáramos arriesgarnos más en este análisis de la importancia del hotel en la actualidad, podríamos resumirlo con la siguiente frase: "Dime en qué hotel te alojas y te diré qué prefieres".

La mayoría de los nuevos conceptos de hoteles que anteriormente hemos apuntado se encuentran presentes en este libro, desde los establecimientos dedicados al reposo y a los baños termales hasta los más urbanos consagrados a los jóvenes nómadas, pasando en este recorrido por los que albergan colecciones de arte en sus vestíbulos o habitaciones.

Un extenso muestrario de hoteles contemporáneos que ilustran los diferentes procesos y cambios que ha ido experimentando la ancestral –e inherente al hombre– acción de viajar, que comenzó con el nomadismo y en los últimos tiempos desembocó en una de las muchas caras del ocio.

Europe Europa

Es.hotel Roma

Es.Hotel opened for business in 2002. It is very near Esquiline, which is one of the seven hills of Rome and the site where, in those days, the poor were buried until the Emperor Augustus made it into a residential area. The first excavations came across a highway from the second century AC, and over which the present lobby is constructed.

The challenge to the King Rosselli architectural team was to integrate a series of surrounding buildings into the plot – a plaza dating from the nineteenth century and a theater that had fallen into disuse and was planned to be reopened for activity – apart from incorporating the archaeological ruins.

Muy cerca de Esquiline, una de las siete colinas de Roma y el lugar donde originariamente se enterraba a los pobres y que el emperador Augusto reconvirtió en zona residencial de la antigua Roma, el Es.hotel abrió sus puertas en el 2002. Las primeras excavaciones dejaron al descubierto una carretera del siglo II a.C. y sobre la cual se encuentra el actual vestíbulo del hotel.

El reto del equipo de arquitectos King Rosselli fue integrar una serie de edificios que rodeaban el solar –una plaza datada en el siglo XIX y un teatro en desuso que pretendía ser devuelto a la actividad–, además de la incorporación de los restos arqueológicos.

Architects: King & Roselli Architetti Associati
Photography: Santi Caleca / José King
Owner: C.R. INVEST s.r.l.
Address: Via Turati 171, Roma, Italy
E-mail address: info@eshotel.it
Web site: www.side-hamburgo.de
Date of construction: 2002
Opening date: 2002
Rooms: 235, among them 27 suites
General Sevices: Bar, restaurant, covered swimming pool, meeting and conference rooms
Services provided in the guest rooms: Television and telephone

Arquitectos: King & Roselli Architetti Associati
Fotógrafos: Santi Caleca / José King
Propietarios: C.R. INVEST s.r.l.
Dirección: Via Turati 171, Roma, Italia
Correo electrónico: info@eshotel.it
Página web: www.eshotel.it
Fecha de construcción: 2002
Fecha de apertura: 2002
Número de habitaciones: 235, entre ellas 27 suites
Servicios generales: bar, restaurante, piscina descubierta, salas de reuniones y conferencias
Servicios de que disponen las habitaciones: televisión y teléfono

With the exception of a few pieces of furniture such as the desk in the office designed by Jean Nouvel or the sofas in the suites designed by Jasper Morrison, the interior decoration was also carried out by King Rosselli Architetti. The objective of Es.hotel is to cater to and satisfy the expectations of its guest with a new concept of luxury hotel where style, design and technology are at their service. In the guest rooms the traditional concept of rooms has been modified to afford prominence especially to communication, where movement, transparency and open spaces are the characteristic elements.

El diseño de los interiores es igualmente de King Rosselli Architetti, con la excepción de algunos muebles como el escritorio de la oficina, diseñado por Jean Nouvel, o el sofá de las suites, de Jasper Morrison. El objetivo del Es.hotel es mimar y satisfacer las expectativas de sus huéspedes en un nuevo concepto de hoteles de lujo, en donde estilo, diseño y tecnología se encuentran a su servicio. En las habitaciones el concepto tradicional de estancia se ha modificado para poner especial énfasis en la comunicación: movimiento, transparencia y espacios abiertos son los elementos característicos.

Es.hotel combines the concept of a pleasure trip and a business trip and includes conference rooms such as the Es.congress on the ground floor near reception that is ideal for seminars, video conferences, business meetings and the like. A very important architectural element is the basalt bridge that crosses over the pool area and the archaeological ruins, and which provides another entrance to the upper floor while at the same time affording a raised point from which to enjoy the splendid vistas. The hotel provides a reading room as well. The façade is adorned with pinkish, green and bluish colored lights that help to grant an innovative atmosphere and design.

El Es.hotel combina el concepto de viaje por placer y el de negocios, cuenta con salas como la Es.congress, localizada en la planta baja cerca del área de recepción, ideal para seminarios, video-conferencias, reuniones de negocios, etcétera. Un elemento arquitectónico muy importante es el puente de basalto que cruza la zona de piscinas y ruinas arqueológicas y que permite otra vía de entrada a la planta superior a la vez que una elevación desde la cual contemplar las bellas vistas. El hotel también dispone de un espacio dedicado a la lectura. La fachada ha sido decorada con luces rosadas, verdes y azuladas que ayudan a crear una atmósfera y una decoración innovadora.

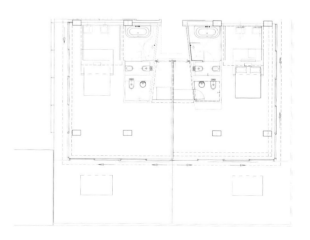

Plan Planta

0   2   4

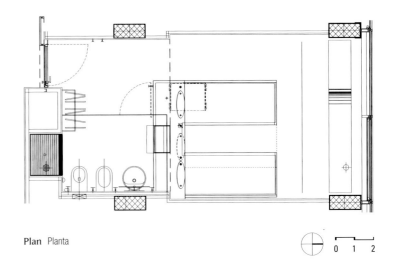

Plan Planta

0 1 2

Dellearti Design Hotel

The Dellearti Design Hotel won the 2002 European Hotel Design Award. The essence of the proposal is based on a revision of the concept of hospitality and welcoming, in a space designed not only to be in, but also for interacting. The establishment, located in the heart of the artistic city of Cremona, allows not only the visitor to interact but likewise, the different creators that exhibit their works there.

The personality of Dellearti is manifest in his use of technology as an architectural element both in respect to the innovative materials and in regards to the equipment, which the architects Geogio Palù and Michele Bianchi incorporated into the proposal.

La propuesta del Dellearti Design Hotel, premiado con el European Hotel Design Awards 2002, parte de lo más esencial, una revisión del concepto de hospitalidad y de la bienvenida en un espacio pensado no únicamente para estar sino también para interactuar, tanto por parte del viajero que llega a este establecimiento situado en pleno corazón de la artística ciudad de Cremona como para los diferentes creadores que exponen sus obras en él.

La personalidad del Dellearti radica en el uso de la tecnología como elemento arquitectónico, tanto en sus innovadores materiales como en el equipamiento, que los arquitectos Georgio Palù & Michele Bianchi han incorporado a su propuesta.

Architects: Giorgio Palù & Michele Bianchi Architetti

Photography: Matteo Piazza

Owner: Silvio Lacchini/Design Hotels TM

Address: Via Bonomelli 8, Cremona, Italy

E-mail address: info@dellearti.com

Web site: www.dellearti.com

Date of construction: 1999-2002

Opening date: 2002

Rooms: 30, 2 suites and 1 junior suite

General Sevices: Meeting and conference rooms, sauna, Turkish bath, hydrotherapy, Internet and contemporary art exhibitions

Services provided in the guest rooms: Television, high-speed internet connection, minibar, safe, and desk

Arquitectos: Giorgio Palù & Michele Bianchi Architetti

Fotógrafo: Matteo Piazza

Propietarios: Silvio Lacchini/Design Hotels TM

Dirección: Via Bonomelli 8, Cremona, Italia

Correo electrónico: info@dellearti.com

Página web: www.dellearti.com

Fecha de construcción: 1999-2002

Fecha de apertura: 2002

Número de habitaciones: 30, entre ellas 2 suites y 1 junior suite

Servicios generales: sala de reuniones y conferencias, sauna, baño turco, hidromasaje, Internet y exposiciones de arte contemporáneo

Servicios de que disponen las habitaciones: televisión, ADSL, minibar, caja fuerte y escritorio de trabajo

In the lobby guests are greeted with a multimedia area that is outfitted with internet, and DVD audio and games. In an adjacent room, there is a frame with a sheet of metal that combines gold and silver colors that endow it all with a stage-like appearance. Wood is used along with the metal so as to grant more warmth to the ensemble. From the outside the appearance of the hotel is very spectacular. Instead of a traditional wall, the entire façade consists of glass that provides an interplay of lights, which becomes an important element of the decoration.

En el vestíbulo, una zona multimedia equipada con conexión a Internet, audio y juegos en DVD recibe al visitante; en una sala adyacente, se ha dispuesto un bastidor con una lámina de metal que conjuga los colores dorados y plateados y que consigue un efecto muy escenográfico. Junto al metal, el otro material empleado es la madera, con la cual se aporta calidez al conjunto. Desde el exterior, la vista del hotel es espectacular debido a la sustitución de la tradicional pared por una vidriera continua que ocupa todo el perímetro de la fachada, lo cual permite un juego de luces que, a su vez, forma parte de la decoración.

Sections Secciones

0 4 8

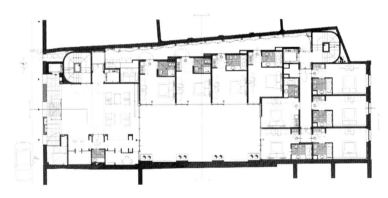

Plan Planta

0   3   6

Due to the C-shape design the corridors leading off to the guest rooms are narrow. An innovative new material, and also ecological, is used on the walls, as well as in other rooms of the establishment. Consisting of the superimposing of successive layers of non-flammable materials, volumes can be fashioned. Thus, Dellearti Design Hotel affords us a glimpse into the future but framed within a city that has been able to preserve its medieval architectural heritage.

La forma en C del Dellearti dota al hotel de estrechos pasillos de acceso a las habitaciones, una de cuyas paredes ha sido tratada con novedosos materiales que permiten crear volúmenes mediante la aplicación de un innovador sistema consistente en la superposición de diversas láminas de diferentes materiales sin sustancias inflamables, con el cual Palù & Bianchi han querido colaborar en la ecología ambiental; esta técnica es usada también en otras estancias del establecimiento. Todo esto convierte el Dellearti Design Hotel en una porción de futuro enmarcada en una ciudad que ha sabido conservar su arquitectura medieval.

Hotel Drei Raben

The Deibel Family are the proprietors of this establishment since time immemorial. "Drei Raben", which means three crows, is derived from those black birds that are on the Deibel Family coat of arms. In the nineteenth century it was already open to business.

The second stage of the business, which began in 2001, was completed in 2002 with the incorporation of the lounge. The objective was not only to renovate the building but, above all, to create the first theme hotel of the city. They attempted to recreate the atmosphere that evokes the most popular legends and myths of Nuremberg, from the personages of the Middle Ages such as Albrecht Dürer or St. Sebald, to the most recent ones related to the manufacture of toys.

El Drei Raben –que significa "tres cuervos"– debe su nombre a estas oscuras aves presentes en el escudo de armas de la familia Deibel, propietaria de este establecimiento desde tiempos inmemoriales y con el que, ya en el siglo XIX, abrió sus puertas.

La idea principal en esta segunda etapa, iniciada en el 2001 y completada en el 2002 con la incorporación del lounge, fue no sólo renovar el edificio sino, principalmente, crear el primer hotel temático de la ciudad y reproducir un ambiente que evocara las leyendas y los mitos más populares de Nuremberg, desde figuras de la Edad Media como Albrecht Dürer o St. Sebald hasta las leyendas más recientes relacionadas con la fabricación de juguetes.

Interiorism Rooms: Daniela Hüttinger / Hüttinger Exhibition Engineering
Interiorism Lounge: Claus Lämmle
Photography: Zooey Braun / Artur-Photo
Owner: Werner Deibel / Daniella Hüttinger
Address: Königstrasse 63, Nurenberg, Germany
E-mail address: hotel-drei-raben@t-online.de
Web site: www.hotel-drei-raben.de
Date of construction: 2001
Opening date: 2002
Rooms: 25
General Sevices: Bar, restaurant and disc jockeys
Services provided in the guest rooms: Telephone and television

Interiorista habitaciones: Daniela Hüttinger / Hüttinger Exhibition Engineering
Interiorista lounge: Claus Lämmle
Fotógrafo: Zooey Braun / Artur-Photo
Propietarios: Werner Deibel / Daniella Hüttinger
Dirección: Königstrasse 63, Nurenberg, Alemania
Correo electrónico: hotel-drei-raben@t-online.de
Página web: www.hotel-drei-raben.de
Fecha de construcción: 2001
Fecha de apertura: 2002
Número de habitaciones: 25
Servicios generales: bar, restaurante, disc jockeys
Servicios de que disponen las habitaciones: teléfono y televisión

Decorated with a very contemporary sensitivity, the lounge, designed by the artist Claus Lämmle, grants cosmopolitanism to Drei Raben. It is an example of a combination of spaces as it combines the lobby, the café and a cocktail bar. Here, you can enjoy breakfast in the morning and later in the day delight to a drink surrounded by the tales of Nuremberg. These are told by means of an audiovisual projecting onto the walls, of the most legendary personages of the city. Similarly, you can enjoy the evening entertainment provided by local disc jockeys and video disc jockeys that provide an elaborate interplay of lights and versatility to the space.

Decorado con una sensibilidad muy contemporánea, el lounge -diseñado por el también artista Claus Lämmle-, aporta cosmopolitismo al Drei Raben y practica la combinación de espacios al albergar tres atmósferas en una: vestíbulo, café y cóctel bar. En este lugar es posible desayunar o, más tarde, tomar una copa rodeado de las historias de Nuremberg en formato audiovisual mediante las siluetas, proyectadas en la pared, de los personajes más legendarios de la ciudad. Asimismo, es posible disfrutar de veladas nocturnas con la presencia de diversos disc jokeys y vídeo jockeys locales, quienes, gracias a un elaborado juego de luces, aportan versatilidad a este espacio.

The proprietors charged Hüttinger Exhibition Engineering and the architect Jochen Hunger with the task of remodeling the other rooms based on different popular legends of the city. A contemporary touch is provided by a room devoted to 1st FC Nuremberg, the local football team. Here, there is a table football game with replicas of a selection of the best players from this team. Another element of decoration also worthy of mention is the old-style bathtubs next to the windows. From here one can delight to privileged views of the old part of the city of Nuremberg.

El resto de las habitaciones, remodeladas a cargo de sus propietarios junto a la compañía Hüttinger Exhibition Engineering y el arquitecto Jochen Hunger, se han dedicado a diferentes leyendas populares de la ciudad. La nota contemporánea la aporta la habitación reservada al 1st FC Nuremberg, el equipo de fútbol local, en la que se ha instalado un juego de fútbol de mesa con las reproducciones de una selección de los mejores jugadores de este equipo. Un elemento adicional en la decoración de las habitaciones lo constituyen bañeras al más viejo estilo junto a ventanas a través de las que es posible apreciar bellas vistas de la parte antigua de la ciudad.

Hotel des Lacs d'Halco

Hotel des Lacs d'Halco, designed by the architects Eric Raffy & Associates LV2A, was inaugurated in 2002 in the south of France, two miles from the city of Hagetmau. The theme of the hotel is based on the Lady of the Lake legend. This is an old King Arthur legend in which a lady bequeaths to Arthur the sword of Excalibur and for whom Merlin constructs a crystal palace.

Of semi-circular shape, the hotel borders the lake and a rotunda goes into and is constructed over it. Reminiscent of the fifties and with a roof common to Malay construction, it houses part of the restaurant.

El mito de la Dama del Lago, una antigua leyenda artúrica en la que una figura femenina entrega a Arturo la espada Excalibur y a quien Merlín construyó un palacio de cristal, es el tema en el cual los arquitectos Eric Raffy & Associates LV2A se han basado para crear el Hotel des Lacs d'Halco, inaugurado en el 2002 en el sur de Francia, a tres kilómetros al sur de la ciudad de Hagetmau.

El hotel adquiere una forma semicircular que bordea el lago y una rotonda que se adentra en él; esta última estructura, con reminiscencias de los años cincuenta y techo típico de las construcciones malayas, alberga una parte del restaurante.

Architects: Eric Raffy & Associés LV2A
Photography: Philippe Ruault & Eliophot / Omnia
Owner: Jacques & Annie Demen
Address: Route de Cazalis, Hagetmau, France
E-mail address: contact@hotel-des-lacs-dhalco.fr
Web site: www.hotel-des-lacs-dhalco.com
Opening date: 2002
Rooms: 25
General Sevices: Restaurant, bar, covered swimming pool, tennis courts, conference rooms and private parking for cars
Services provided in the guest rooms: Air conditioning, television and telephone

Arquitectos: Eric Raffy & Associés LV2A
Fotógrafo: Philippe Ruault & Eliophot / Omnia
Propietarios: Jacques & Annie Demen
Dirección: Route de Cazalis, Hagetmau, Francia
Correo electrónico: contact@hotel-des-lacs-dhalco.fr
Página web: www.hotel-des-lacs-dhalco.com
Fecha de apertura: 2002
Número de habitaciones: 25
Servicios generales: restaurante, bar, piscina cubierta, pistas de tenis, sala de conferencias y parque privado de cars
Servicios de que disponen las habitaciones: aire acondicionado, televisión y teléfono

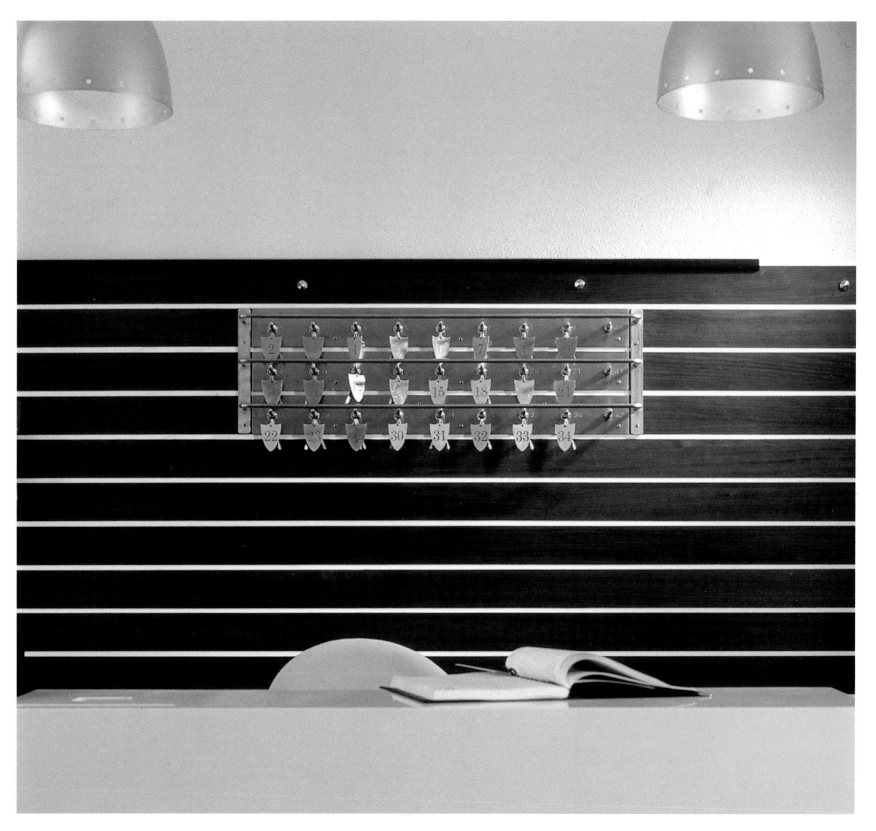

The ground floor houses the services: the lobby, a semi-circular glass-covered swimming pool and a restaurant run by Annie Demen, the proprietor. The first floor contains the 25 guest rooms. Half of them are privileged with vistas of the lake and they are enclosed within a transparent glass structure that affords a view to the exterior while at the same time creates an incandescent effect on the lake and in the forest.

They opted for natural materials native to that area such as wood, stone, plated zinc and glass, which afford a very poetic recreation of the space.

En la planta baja se encuentran los servicios: el vestíbulo, una piscina semicircular recubierta por una cristalera, y un restaurante regentado por su propietaria Annie Demen. En el segundo piso el hotel dispone de un total de 25 habitaciones; la mitad cuenta con vistas al lago, dentro de una estructura de cristal transparente que permite las vistas del exterior pero también crea un efecto incandescente en el lago y el bosque.

Se optó por el uso de materiales naturales de la zona como madera, piedra, zinc recubierto y cristal —el cual permite una recreación muy poética del espacio—.

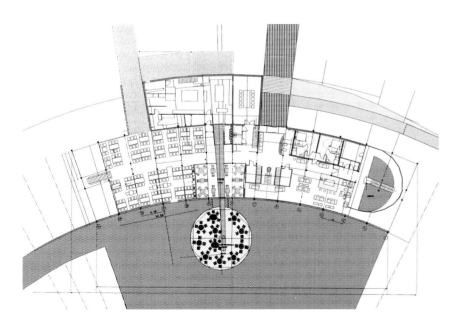

Ground floor Planta baja

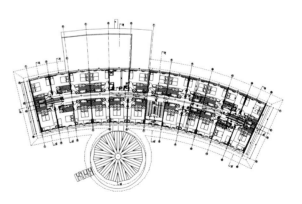

First floor Primer piso

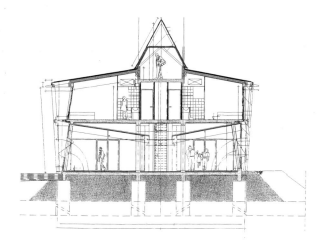

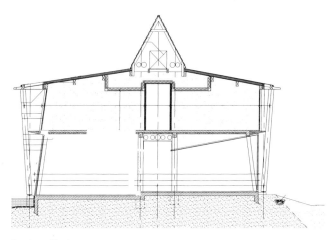

Sections Secciones

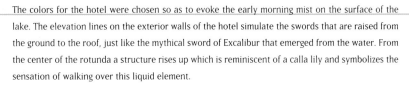

The colors for the hotel were chosen so as to evoke the early morning mist on the surface of the lake. The elevation lines on the exterior walls of the hotel simulate the swords that are raised from the ground to the roof, just like the mythical sword of Excalibur that emerged from the water. From the center of the rotunda a structure rises up which is reminiscent of a calla lily and symbolizes the sensation of walking over this liquid element.

The design is based on the concept of integrating the construction into the natural setting that surrounds it.

Los colores de todo el hotel fueron elegidos para sugerir las brumas de la mañana sobre la superficie del lago. Las líneas de elevación de las paredes del Lacs d'Halco simulan espadas que se levantan desde el suelo hasta el techo, como la mítica espada de Excalibur, que emerge del agua. Del centro de la rotunda surge una estructura que simula un lirio de agua y que simboliza la sensación de caminar sobre el líquido elemento.

El concepto desde el que está concebido el Lacs d'Halco obedece a la integración del hotel en el espacio natural en el que se encuentra.

Düsseldorf Seestern

What is most outstanding about the Düsseldorf Seestern Hotel, which is part of the Inn Side Residence Hotels chain, is its daring architectural concept combined with its pleasant design, which is striking for its modernity in the center of Düsseldorf. The architects Schneider & Schumacher conceived the design as a clear and transparent cube.

Natural light floods in and illuminates the interior patio that is the access area to the lobby and to the guest rooms. This is fundamental in the design and to the concept of the hotel, and allows for an architectural experimentation with the materials.

Lo más significativo del hotel Düsseldorf Seestern, que la cadena Inn Side Residence Hotels inauguró en el 2001, es su arriesgado concepto arquitectónico en combinación con un amable diseño. Concebido por sus arquitectos, Schneider & Schumacher, como un cubo, el corte geométrico y claro de este hotel destaca en el centro de Düsseldorf por su modernidad.

El cristal claro y transparente mediante el cual se logra iluminar con luz natural el patio interior, por el que se accede al vestíbulo y al área de acceso a las habitaciones, se convierte en pieza fundamental en el diseño y concepto del hotel, gracias al cual es posible una experimentación arquitectónica con los materiales.

Architects: Schneider + Schumacher
Photography: Jöerg Hempel
Owner: Inn Side Residence-Hotels
Address: Niederkasseler Lohweg 18, Düsseldorf, Germany
E-mail address: duesseldorf@innside.de
Web site: www.innside.de
Date of construction: 2001
Opening date: 2001
Rooms: 126
General Sevices: Bar, restaurant, mail, secretarial service, pools for hydrotherapy, sauna, fitness gym, and accident insurance
Services provided in the guest rooms: Telephone, fax, radio, television, personal computer and internet

Arquitectos: Schneider + Schumacher
Fotógrafo: Jöerg Hempel
Propietarios: Inn Side Residence-Hotels
Dirección: Niederkasseler Lohweg 18, Düsseldorf, Alemania
Correo electrónico: duesseldorf@innside.de
Página web: www.innside.de
Fecha de construcción: 2001
Fecha de apertura: 2001
Número de habitaciones: 126
Servicios generales: bar, restaurante, correos, servicio de secretarias, piscina de burbujas, sauna, fitness, seguro de accidentes
Servicios de que disponen las habitaciones: teléfono, fax, radio, televisión, ordenador personal e internet

The system of natural lighting that is used in the lobby, other common areas and in the guest rooms as well, affords the sensation of incorporating the exterior into the interior. Thus, for example, the access stairs to the guest rooms are built onto the outside of the façade and enclosed in glass. Düsseldorf Seestern's sophisticated energy-saving system makes optimum use of the innovative distribution of the space and light, and is based on the particular climatic conditions at any given time.

El exterior parece ser asimilado por el interior gracias al sistema de iluminación natural que se ha instalado tanto en el vestíbulo y otras dependencias comunes como en las habitaciones. Así, por ejemplo, las escaleras de acceso a las habitaciones se encuentran adosadas a la fachada, la cual ha sido recubierta de cristal. La innovadora distribución del espacio y de la luz es utilizada, según las condiciones climáticas, por el sofisticado sistema de ahorro de energía del Düsseldorf Seestern.

The premises are divided into two levels. The lower level houses reception, the restaurant and the areas for personal care such as the sauna or the UV treatments, and the second is for the guest rooms. The objective was to grant the visitor maximum comfort. The diaphanous spaces and the soft combinations of the forms and colors of the furniture, endow it with a sense of relaxation and harmony. Purity and discreet elegance is the basis of the design of the Düsseldorf Seestern.

Las dependencias del hotel se dividen en dos niveles: el primero alberga la recepción, el restaurante y espacios consagrados al cuidado personal como la sauna o los rayos UVA; el segundo está destinado a las habitaciones. Estas han sido diseñadas con el objetivo de ofrecer la máxima comodidad al visitante; por ello espacios diáfanos y combinaciones suaves, tanto en la decoración como en las formas y colores de su mobiliario, aportan descanso y armonía. Pureza y elegancia discreta son las bases del diseño del Düsseldorf Seestern.

Hotel Prestige Paseo de Gracia

The Hotel Prestige Paseo de Gracia was inaugurated at the end of 2002 and was the first of the Prestige chain of hotels to be opened in Barcelona. Each Prestige chain establishment, until now only located on the Costa Brava, is distinct, as their philosophy is to provide a customized hotel.

The objective of the Prestige Paseo de Gracia Hotel was to create an urban home and refuge distinct from the other large impersonal hotels that can normally be found in a big city. Architecturally, for GCA Arquitectes Associats it was imperative that they respect the original structure of the building, originally a family residence that also later housed offices, that dated from 1897.

El hotel Prestige Paseo de Gracia, inaugurado a finales del 2002, es el primero de la cadena Prestige Hotels en Barcelona. Cada uno de sus establecimientos, hasta ahora sólo disponibles en la Costa Brava, es distinto a los demás, pues su filosofía es ofrecer un hotel a medida.

En el Prestige Paseo de Gracia el objetivo principal fue crear un hogar y un refugio urbano que lo distanciase del resto de los grandes e impersonales hoteles que normalmente pueden encontrarse en una gran ciudad. Arquitectónicamente, el primer imperativo para el equipo de GCA Arquitectes Associats era respetar la estructura original de este edificio, que data de 1897, una residencia familiar que también albergaba oficinas.

Architects: GCA Arquitectes Associats, Josep Juanpere Miret (arquitecto socio), María Vives Ybern (arquitecta directora de proyecto)
Photography: Jordi Miralles
Owner: Prestige Hotels SA
Address: Paseo de Gracia 62, Barcelona, Spain
E-mail address: paseodegracia@prestige-hotels.com
Web site: www.prestigepaseodegracia.com
Date of construction: july 2001-november 2002
Opening date: 2002
Rooms: 45, among them 2 suites
General Sevices: Personalized information regarding leisure activities, bar, library on Barcelona, individualized music selection, the sale of design articles, terrace
Services provided in the guest rooms: Telephone, television and video

Arquitectos: GCA Arquitectes Associats, Josep Juanpere Miret (arquitecto socio), María Vives Ybern (arquitecta directora de proyecto)
Fotógrafo: Jordi Miralles
Propietarios: Prestige Hotels SA
Dirección: Paseo de Gracia 62, Barcelona, España
Correo electrónico: paseodegracia@prestigehotels.com
Página web: www.prestigepaseodegracia.com
Fecha de construcción: julio 2001-noviembre 2002
Fecha de apertura: 2002
Número de habitaciones: 45, entre ellas 2 suites
Servicios generales: información personalizada de actividades de ocio, bar, biblioteca sobre Barcelona, música a la carta, venta de objetos de diseño y terraza
Servicios de que disponen las habitaciones: teléfono, televisión y vídeo

First floor Primer piso

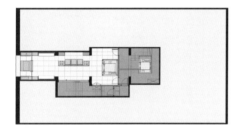

Mezzanine Entresuelo

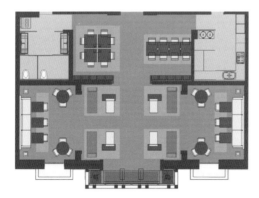

Ground floor Planta baja

0   3   6

From the start the attempt was to combine architecture and design as distinguishing features. This, combined with the desire to afford the client an urban refuge, clearly sets it apart. To this end, an enormous door of wood and steel protects the guest, and shields and distances him from the mundane world of noise outside. Due to limitations of space, the ground floor was conceived simply as an area for communicating the other areas. In reception there is an original staircase from the nineteenth century along side materials that combine modernity and tradition, such as the light-colored leather of the counter or the dark-colored methacrylate. The furniture of uncommon dimensions that accentuates the high ceilings, and superimposed beams of light, help to imbue it with a very warm atmosphere.

Desde el principio se optó por conjugar arquitectura y diseño como hecho diferencial, lo que, junto al deseo de ofrecer un refugio urbano al cliente, lo singulariza de manera clara; una enorme puerta de madera y acero transmite este último objetivo, proteger al huésped y alejarlo del mundanal ruido. La planta baja fue concebida como zona de paso debido a las limitaciones del espacio; en la recepción, una escalera originaria del siglo XIX, junto a materiales que combinan modernidad y tradición -como la piel clara del mostrador o el metacrilato de colores oscuros- y muebles de proporción poco corriente para destacar la gran altura del espacio crean una acogedora atmósfera con la ayuda de manchas de luz superpuestas.

Of a total of 45 rooms, all designed by the same team of architects, 10 are privileged with a terrace, 5 of which are oriented to a Japanese garden and the other 5 to Paseo de Gracia. The elegant design of the rooms exceeds even physical conventional limits. The wardrobe, for example, becomes yet another space as it is an element that is used to separate different ambiences. In a similar way, the versatile worktable can also be adapted for other uses. The range of colors includes dark tones of brown, gray, bright blue and orange.

Del total de las 45 habitaciones, diseñadas también por el mismo equipo de arquitectos, diez cuentan con terraza, cinco orientadas a un jardín japonés y las otras cinco al paseo de Gracia. El elegante diseño de estas estancias se ha elaborado desde la superación de los límites convencionales físicos; así, por ejemplo, el armario ha sido planteado como un espacio más, al poder ser utilizado también como un elemento que separa diferentes ambientes. Esta revisión de los usos originarios del espacio y de cada objeto se extiende también a la mesa de trabajo, ya que puede adaptarse, de forma polivalente, a otros usos. La gama de colores comprende los tonos oscuros, marrones grises, azul intenso y naranja.

Bleibtreu

Located at number 31 on this peaceful street that gives it its name, it is near the select Kufürstendamm Boulevard. This hotel reflects the character of Berlin: dynamic, renovated and cosmopolitan. It is frequented by old-style travelers, artists, filmmakers and local executives. It was opened in 1995 and the philosophy includes the constant renewal of the décor, teamwork, the anticipation of the needs and wishes of their guests and the same cosmopolitanism that the city of Berlin has recently recovered. This is the cosmopolitanism of the Berlin between the two world wars that was a bustling beehive of cultural activity and was a way stage for travelers from all around and of all provenances. Thus, the constant modification of the décor of the hotel is a parallel concept to its philosophy.

Ubicado en el número 31 de la apacible calle a la que debe su nombre y cercano al selecto boulevard Kufürstendamm, el hotel Bleibtreu es un reflejo de la personalidad de Berlín: dinámico, renovado y cosmopolita. Frecuentado por viajeros a la antigua usanza, artistas, cineastas y ejecutivos locales, la filosofía de este hotel, abierto al público en 1995, es la continua renovación de decoración, el trabajo en equipo, la anticipación a los deseos de sus huéspedes y el cosmopolitismo que la ciudad ha recuperado en los últimos tiempos para volver a aquel Berlín de entreguerras que bullía culturalmente y era lugar de paso de viajeros procedentes de múltiples orígenes. Así, pues, la constantemente mutable decoración de este hotel es un concepto paralelo a su filosofía.

Architects: Werner Wilhelm Weitz
Photography: Idris Kolodziej
Owner: Savoy Hotels Group
Address: Bleibtreustrasse, 31, Berlin, Germany
E-mail address: info@bleibtreu.com
Web site: www.bleibtreu.com
Rooms: 60
General Sevices: Restaurant, cafeteria, deli, massage and acupuncture
Services provided in the guest rooms: Television, fax, video, minibar and telephone. One of the floors is reserved exclusively for non-smokers

Arquitectos: Werner Wilhelm Weitz
Fotógrafo: Idris Kolodziej
Propietarios: Savoy Hotels Group
Dirección: Bleibtreustrasse, 31, Berlín, Alemania
Correo electrónico: info@bleibtreu.com
Página web: www.bleibtreu.com
Número de habitaciones: 60
Servicios generales: restaurante, cafetería, deli, masaje, acupuntura
Servicios de que disponen las habitaciones: televisión, fax, vídeo, minibar, teléfono; una de las plantas está reservada a no fumadores

The hotel, designed by the Galerie Weinand team, bases its concept on the mixture of tradition and vanguard, which is manifested by a modern and ecological design, and a relaxed timeless elegance. The materials used to achieve this objective are mainly unvarnished wood, metal and fabrics, which are tastefully employed in the spacious and relaxing rooms. Soft and cold colors are combined with the warmth of wood, which produces relaxation, as would be expected from colors like blue. The asymmetrical shapes, at times incomplete, of some of the furniture pieces, as well as the more traditional shapes, provide aesthetics that fit in perfectly with the idea of the hotel which is to endow the décor of the ensemble with a sense of provisionality, which complements well the action of traveling.

El hotel Bleibtreu, diseñado por el equipo Galerie Weinand, basa su concepto en la mezcla entre tradición y vanguardia, que plasma en un moderno y ecológico diseño y una relajada elegancia atemporal. Los materiales utilizados para lograr este objetivo son, principalmente, madera sin barnizar, metal y telas, distribuidos en las amplias estancias, lo que permite espacios generosos y relajantes. Para ello se ayuda en la elección de colores suaves y fríos, en los que se combina la calidez de la madera con la relajación que producen colores como el azul. Las formas asimétricas, a veces incompletas, de algunos de los muebles, así como sus formas más tradicionales, aportan una estética que se acopla perfectamente a la idea de hotel, pues dota al conjunto de un decorado de provisionalidad complementado con la acción de viajar

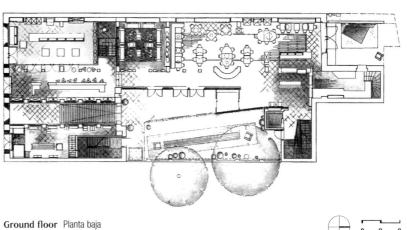

Ground floor Planta baja

0 3 6

In this climate of wellbeing, the pampering of the senses is highly valued. This is manifest in the pleasures of dining that are carried out in the privileged garden, designed by Cornelia Müller, of French aesthetic. The Mediterranean evenings gathered round the dining room table, the importance bestowed excellent dining and the pleasant vegetation, are key in the design of this space in the hotel. Other services designed to pamper the guests' senses are the spa, reminiscent of thermal Roman baths, or Deli 31, which is a sophisticated version of any New York deli where meals of diverse provenance are served.

En este clima de bienestar es muy importante el valor que se otorga al cuidado de los sentidos mediante el estímulo de éstos con placeres como la comida, que encuentra un marco ideal en el jardín, ideado por Cornelia Müller, de referencias estéticas francesas. Las veladas mediterráneas en torno a la mesa, la importancia de la buena comida y una vegetación amable son factores clave en el diseño de esta importante estancia del hotel.

Otros servicios que ayudan al mimo de los sentidos son el spa –que nos remite a las termas romanas– o el Deli 31, una sofisticada versión de cualquier deli neoyorkino y en el que se sirven comidas de diferentes procedencias.

Hotel-Museo Atelier Sul Mare

Almost halfway along the route from Palermo to Messina, the small fishing town of Castel di Tusa is home to the unusual Hotel-Museo Atelier Sul Mare.

The philosophy of the hotel is to afford lodging to the traveler's spirit, by means of the contemporary art to be found in 14 of its 40 rooms and common spaces to the tune of "Devotion to Beauty", which greets the visitor in the lobby.

The hotel's contemporary edge lies in the constant creation of new rooms by artists like Pietro Consagra, Paolo Schiavocampo, Hidetoshi Nagasawa, Raoul Ruiz and Luigi Mainolfi.

Prácticamente a mitad de la ruta que conduce de Palermo a Messina, el pequeño pueblo de pescadores Castel di Tusa alberga el peculiar Hotel-Museo Atelier Sul Mare.

La filosofía de este hotel es ofrecer alojamiento al espíritu del viajero a través del arte contemporáneo en 14 de sus 40 habitaciones y espacios comunes al grito de "Devoción a la belleza" que da la bienvenida en el vestíbulo.

La actualidad del hotel se traduce en la constante creación de nuevas habitaciones por parte de artistas como Pietro Consagra, Paolo Schiavocampo, Hidetoshi Nagasawa, Raoul Ruiz o Luigi Mainolfi.

Interioristas: diversos artistas
Fotógrafo: Yael Pincus
Propietarios: Antonio Presti
Dirección: Via Cesare Battisti 4, Castel di Tusa, Messina, Italia
Correo electrónico: ateliersulmare@interfree.it
Página web: www.ateliersulmare.com
Número de habitaciones: 40
Servicios generales: bar, restaurante, galería de cerámica, pintura y escultura

Interiorist: various artists
Photography: Yael Pincus
Owner: Antonio Presti
Address: Via Cesare Battisti 4, Castel di Tusa, Messina, Italy
E-mail address: ateliersulmare@interfree.it
Web site: www.ateliersulmare.com
Rooms: 40
General Sevices: Bar, restaurant, ceramic painting and sculpture gallery

In the words of the proprietor, Antonio Presti, each room attempts to offer the guest an "inner trip" and a space for meditation. The art there is not only to be exhibited but rather, above all, to envelop the visitor in each room and thus achieve plenitude as a finished work of art. "Lunar Mysteries", "The Prophet's Room" or "The Nest" are just a few of the names that define the different atmospheres. The room "The Prophet's Room" is a tribute to Pier Paolo Pasolini where the poem "The Flower of the Arabian Nights" is the decorative motif, and is written in Arab on the walls of the room.

Cada habitación pretende ofrecer a su huésped, en palabras de su propietario, Antonio Presti, un "viaje interior" y un espacio de meditación; el arte no está presente sólo para ser mostrado, sino sobre todo para rodear al visitante de cada habitación y encontrar así su plenitud como obra de arte finalizada. "Lunar Mysteries", "The Prophet's Room" o "The Nest" son algunos de los nombres que definen las diferentes atmósferas. La habitación "The Prophet's Room" es un homenaje a Pier Paolo Pasolini, en donde el poema "La flor de las noches de Arabia" sirve de motivo decorativo, escrito en árabe en las paredes de la estancia.

Most of the rooms are privileged with splendid views of the blue Mediterranean that enhance the sensations of the guests therein. In the "Room of earth and fire" by the artist Luigi Mainolfi all of the walls, floor and ceiling are made of terra-cotta native to that region. The bed is hanging in the middle over a platform from where one can enjoy a large window with vistas of the sea. The metal chair affords a place of contemplation. Other services that the hotel offers are a succulent cuisine based on the fresh fish that is supplied on a daily basis, from the fishermen of Castel di Tusa.

La mayoría de las habitaciones disfrutan de amplias vistas al azul del Mediterráneo y estimulan así las sensaciones de sus ocupantes. En "La habitación de la tierra y el fuego", del artista Luigi Mainolfi, todas las paredes, el suelo y el techo son de terracota procedente de la zona. La cama de esta habitación queda suspendida en medio del espacio sobre una plataforma desde la cual es posible disfrutar de la amplia ventana con vistas al mar; la silla de metal tiene como objetivo ofrecer un lugar para la contemplación. Otros servicios que el hotel ofrece son una suculenta cocina basada en pescado fresco del día abastecido por los pescadores de Castel di Tusa.

Hotel Arena

The Hotel Arena building, located very near the famous Oosterpark in Amsterdam, was built in 1890 as a Catholic orphanage and was used as such until the 1950's. In the 1980's the majority of the remodeling was done and in 1982 the city hall decided to reopen it as a hostel.

It was honored with the stay of famous people such as Iggy Pop and Marilyn Manson. The present proprietor acquired it in 1998 and he decided to add very contemporary spaces of very modern design such as the restaurant or bar, designed by Ronald Hooft, and the club, which was fashioned by IDing identity.

El edificio del Hotel Arena, ubicado muy cerca del famoso Oosterpark de Amsterdam, fue construido en 1890 como orfanato católico; desempeñó sus funciones como tal hasta la década de los cincuenta del siglo XX.

En 1982, época en la que se llevaron a cabo la mayoría de las remodelaciones, el ayuntamiento decidió reabrirlo como hostal en el que pernoctaron famosos como Iggy Pop o Marilyn Manson. El actual propietario lo adquirió en 1998, y le añadió espacios más contemporáneos como el restaurante o el bar –diseñados por Ronald Hooft– y el club –obra de IDing identity, idea, design–, todos ellos dentro de un actualizado diseño.

Architect: Ronald Hooft

Photography: Otto Polman

Owner: Paul Hermanides

Address: s-Gravesandestraat 51, Amsterdam, Nederland

E-mail address: info@hotelarena.nl

Web site: www.hotelarena.nl

Date of construction: 1890

Opening date: 1998

Rooms: 121

General Sevices: Conference and meeting rooms, night club, internet, video consoles, and tourist information

Services provided in the guest rooms: Television and telephone

Arquitecto: Ronald Hooft

Fotógrafo: Otto Polman

Propietario: Paul Hermanides

Dirección: s-Gravesandestraat 51, Amsterdam, Holanda

Correo electrónico: info@hotelarena.nl

Página web: www.hotelarena.nl

Fecha de construcción: 1890

Fecha de apertura: 1998

Número de habitaciones: 121

Servicios generales: salones de conferencias y reuniones, sala de fiestas, internet, videoconsolas e información turística

Servicios que de disponen las habitaciones: televisión y teléfono

Hotel Arena affords various spacious meeting rooms that are ideal for all types of business meetings or informal get-togethers. The largest of them, called Room 011 originally was the chapel for the old orphanage. The frescos on the wall and the marble columns afford us remnants of its past. Situated beside it is Room 012, which is ideal for parties, presentations and other types of get-togethers. Kloosterhall is the smallest of the rooms and is privileged with the same tasteful décor.

In the guest rooms the interior decoration is limited and simple so that the sculptural and ornamental décor of the building itself can take center stage.

El Hotel Arena posee diferentes y amplios salones para la celebración de encuentros de negocios o reuniones informales. El mayor de todos ellos, llamado Room 011, es la originaria capilla del antiguo orfanato, decorado con frescos en las paredes y columnas de mármol que aportan retazos de pasado. El salón pequeño, llamado Room 012, es un lugar ideal para fiestas, presentaciones, etcétera, situado al lado del anterior salón.

El más pequeño de todos ellos es el Kloosterhall, con la misma función que el salón anterior. Por su parte, las habitaciones se desprenden de la decoración innecesaria, lo que permite al propio escultural y ornamentado edificio ser el verdadero protagonista.

Hotel Pelirocco

In a short time the Pelirocco has become a point of reference in the underground culture scene in Brighton and a place that is highly valued among travelers that are searching for something original. It is located in the center of the city in front of the sea.

Its calling card boasts of 20 very original guest rooms with names such as Betty's Boudoir, Hip Hop, Hysteric Glamour or Asian Dub Foundation, among others. Each one offers a different trend of pop subculture that has left its mark since the middle of the twentieth century. We can find figures from Betty Page, the legendary pin-up of the fifties, to Mohamed Ali the boxer.

El Pelirocco se ha convertido en poco tiempo en un punto de referencia de la cultura underground de Brighton y en un lugar muy especial para viajeros con ansias de originalidad.

Situado en el centro de la ciudad, y frente al mar, el Pelirocco ofrece 20 particulares habitaciones con nombres como Betty's Boudoir, Hip Hop, Hysteric Glamour o Asian Dub Fundation, entre otras. Cada una de ellas ofrece las diferentes tendencias de la subcultura pop que, desde mediados del siglo XX, han marcado nuestra era; desde la mítica Pin-Up de los cincuenta, Betty Page, hasta la habitación dedicada al boxeador Mohamed Ali.

Interiorist: various artists
Photography: Jim Ellam / Ed Hepburn Scott
Owner: Mick Robinson / Jane Slater
Address: 10 Regency Square, Brighton, UK
E-mail address: info@hotelpelirocco.co.uk
Web site: www.hotelpelirocco.co.uk
Opening date: 2000
Rooms: 178, among them 10 suites the luxe
General Sevices: Bar, restaurant, video games, room for video conferences or meetings
Services provided in the guest rooms: Television, video consoles, aromatic baths

Interioristas: diversos artistas
Fotógrafo: Jim Ellam / Ed Hepburn Scott
Propietarios: Mick Robinson / Jane Slater
Dirección: 10 Regency Square, Brighton, Reino Unido
Correo electrónico: info@hotelpelirocco.co.uk
Página web:www.hotelpelirocco.co.uk
Fecha de apertura: 2000
Número de habitaciones: 20
Servicios generales: bar, restaurante, videojuegos y sala para videoconferencias o reuniones
Servicios de que disponen las habitaciones: televisión, videoconsola y baños aromáticos

Apart from a video console in each guest room, the Pelirocco offers a novel sponsoring service in rooms and common rooms such as the conference room where seminars or brief presentations can be held. All of the designs of the different areas were carried out by different artists such as Jamie Reid, a member of the Sex Pistols, or Shaun Clarkson. The final result of all of this is, in the words of the newspaper The Evening Standard, to experience for a night, the feeling of being a pop star, thus, changing what we normally are in everyday life.

El Pelirocco cuenta con, además de videoconsola en todas las habitaciones, un novedoso servicio de patrocinio presente en algunas estancias y en espacios comunes como la sala de conferencias, donde es posible celebrar seminarios o pequeñas presentaciones. Cada uno de los diseños de las diferentes áreas está ha corrido a cargo de diferentes artistas como Jamie Reid, perteneciente al grupo de los Sex Pistols, o Shaun Clarkson. El resultado final de todo es la sensación de, en palabras del diario "The Evening Standard", "sentirse, por una noche, estrella del pop" y, por lo tanto, cambiar lo que cotidianamente somos.

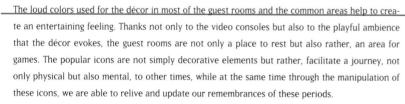

The loud colors used for the décor in most of the guest rooms and the common areas help to create an entertaining feeling. Thanks not only to the video consoles but also to the playful ambience that the décor evokes, the guest rooms are not only a place to rest but also rather, an area for games. The popular icons are not simply decorative elements but rather, facilitate a journey, not only physical but also mental, to other times, while at the same time through the manipulation of these icons, we are able to relive and update our remembrances of these periods.

Los colores intensos con los que se ha contado para la decoración de la mayoría de las habitaciones y los espacios comunes contribuyen a crear una intencionada sensación lúdica, donde las habitaciones no son sólo espacios en donde descansar, sino lugares en los que, tanto por las citadas videoconsolas como por los constantes guiños a sus huéspedes, el juego cobra una omnipresente importancia. Los iconos populares no se reducen a la mera decoración, sino que facilitan el viaje, no sólo físico, sino también mental, a otras épocas, a la vez que actualizan los recuerdos con la manipulación de estos iconos.

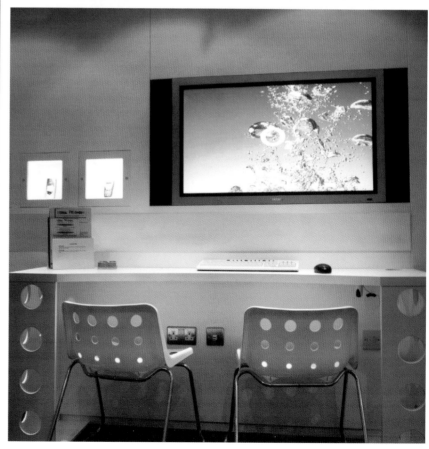

This hotel is housed in an old seventeenth century building in the maze-like historical center of Palma. It used to be a convent for the training of missionary priests. It received its name from the church, of the same name, beside it. In the remodeling they sought to preserve the silence, relaxation and tranquility that it enjoyed when it was used as a monastery.

The rehabilitation of the building is characterized by diaphanous spaces, abundant light and a respect for the original architectural features and structures of the building.

El hotel se ubica en un antiguo edificio del siglo XVII, en el laberíntico centro histórico de Palma, que albergaba un convento destinado a la formación de padres misioneros. El Convent de la Missió toma el nombre de la iglesia junto a la cual se encuentra, del mismo nombre. En su remodelación se ha intentado conservar el ambiente de silencio, relajación y tranquilidad del cual disfrutaba en sus funciones monásticas.

Los elementos característicos de la reconversión de este edificio son los espacios diáfanos, la luminosidad y las reformas arquitectónicas, que han respetado la estructura original del edificio.

Architects: Antoni Esteva / Rafael Balaguer
Photography: Pere Planells
Address: Carrer de la Missió 7, Palma de Mallorca, Spain
E-mail address: hotel@conventdelamissio.com
Web site: www.conventdelamissio.com
Date of construction: century XVII
Opening date: 2002
Rooms: 17
General Sevices: Bar, restaurant, multi-use room, solarium, sauna and jacuzzi
Services provided in the guest rooms: Telephone, television, heating, air conditioning and radio

Arquitectos: Antoni Esteva / Rafael Balaguer
Fotógrafo: Pere Planells
Dirección: Carrer de la Missió 7, Palma de Mallorca, España
Correo electrónico: hotel@conventdelamissio.com
Página web: www.conventdelamissio.com
Fecha de construcción: siglo XVII
Fecha de apertura: 2002
Número de habitaciones: 17
Servicios generales: bar, restaurante, sala polivalente, solárium, sauna y jacuzzi
Servicios de que disponen las habitaciones: teléfono, televisión, calefacción, aire acondicionado y radio

The old chapel was converted into the present conference room although in fact it is a multiuse room, as it is also used as an exhibition hall, a room for banquets and for other purposes. The refectory, in line with its original use, was converted into the restaurant. The interior atmosphere of withdrawal, which is enhanced by the soft color tones and the furniture of friendly design and discreet elegance, is favored even more by the exclusive vistas, all of which help to further meditative contemplation and feed the spirit. Tradition and modernity interplay and find a middle ground: austere elegance.

La antigua capilla se ha transformado en la actual sala de conferencias, aunque en realidad tiene un uso polivalente, ya que también es empleado como sala de exposiciones, banquetes, etcétera. El refectorio del convento ha sido reconvertido en el restaurante, de modo que mantiene su función originaria. Como complemento al ambiente de recogimiento del interior, y al cual ayuda una decoración en tonos suaves y muebles de línea amable y de discreta elegancia, las exclusivas vistas de las que se disfruta ayudan a la contemplación meditativa y a la alimentación del espíritu. Tradición y modernidad se conjugan en un punto intermedio: elegancia austera.

Other services afforded are the solarium and the patio, which are in line with Mediterranean tradition. Thus, beyond the functions of lodging, the hotel also provides the enjoyment of a lifestyle characteristic of the countries of the south of Europe. Both in regards to the design as well as in their architectural concept, the 14 guest rooms are designed in distinct ways. This grants diversity within a framework of certain uniformity. The end result is rooms where respite is the fundamental objective.

Otros servicios con los que cuenta el Convent de la Missió son el solárium y el patio, a su vez dentro de la tradición mediterránea, en donde el hotel amplía y extiende sus funciones de hospedaje a las del disfrute de un estilo de vida muy propio de países del sur de Europa. Las 14 habitaciones con las que cuenta el hotel han sido decoradas de manera diferente, tanto en su diseño como en su concepto arquitectónico, para dotar al local de diversidad dentro de una uniformidad; el resultado son habitaciones en donde el descanso es el objetivo fundamental.

Artushotel

Tucked away in the historical Parisian neighborhood of Saint Germaine des Près, Artushotel was architecturally remodeled in 1989 and totally redesigned in 1999. Thanks to the thirteen doors designed by well-known artists such as Cat Loray or Clement Borderie, among others, and its privileged situation in one of the most literary and artistic neighborhoods in Paris, it can justifiably be considered a hotel with charm.

Exteriorly, the design is typical of the architecture in that area. The proprietor decided to preserve the façade but completely renovate the interior design while at the same time, conserving its heritage of the past.

El ArtusHotel está ubicado en el corazón del histórico barrio parisino de Saint Germaine des Près. Remodelado arquitectónicamente en 1989 y rediseñado en su totalidad en 1999, sus trece puertas diseñadas por reconocidos artistas como Cat Loray o Clement Borderie, entre otros, y su localización en uno de los barrios más literarios y artísticos de París justifican que esté considerado un hotel con encanto.

El edificio responde al típico estilo arquitectónico de la zona; la actual propietaria conservó la fachada y renovó completamente el interior sin renunciar al sabor del pasado.

Interiorist: Alain Perrier
Photography: Gilles Trillard
Owner: Mac Leod
Address: 34 Rue de Buci, Paris, France
E-mail address: info@artushotel.com
Web site: www.artushotel.com
Opening date: 1999
Rooms: 27, among them 2 suites
Services provided in the guest rooms: Television and telephone

Interiorista: Alain Perrier
Fotógrafo: Gilles Trillard
Propietarios: Mac Leod
Dirección: 34 Rue de Buci, París, Francia
Correo electrónico: info@artushotel.com
Página web: www.artushotel.com
Fecha de apertura: 1999
Número de habitaciones: 27, entre ellas 2 suites
Servicios de que disponen las habitaciones: televisión y teléfono

In the comfortable rooms the lavatory installations and the beds afford us a feeling of time-lessness. In some rooms the visible ceiling beams and the attic-like structure were preserved which accentuates the warm atmosphere and is reminiscent of by-gone times. The thirteen doors designed by different artists recreates the Paris of the artists, the legendary city that was the place of pilgrimage for all lovers of art.

En las confortables habitaciones, las instalaciones para la higiene personal y las camas remiten a la intemporalidad. En algunas de ellas se han conservado las vigas de los techos, así como la estructura original de las buhardillas, lo cual fortalece la recreación de una atmósfera muy acogedora con ecos de otros tiempos. Las trece puertas diseñadas por los diferentes artistas recrean el París de los artistas, los pintores que con sus obras hicieron de este lugar una mítica ciudad de peregrinaje para todo amante del arte.

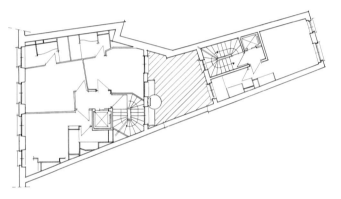

First floor Primer piso

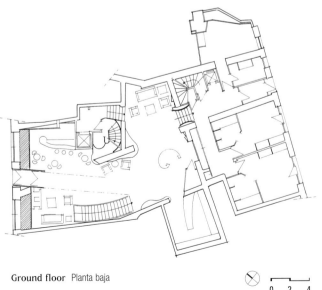

Ground floor Planta baja

0 2 4

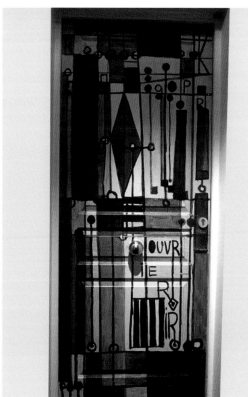

Through the windows, or from the balconies that are so typical of this type of Parisian construction, splendid views of Saint Germaine des Près Church are afforded. Thus, breakfast on the balcony is a highly recommended and unforgettable experience. Thanks to its privileged situation, one need only step out from the hotel to enjoy all of the pleasures that one would expect of a visit to Paris: legendary cafés like Les Deux Magots where the ghosts of Jean Paul Sartre and Simone de Beauvoir still come to pay a visit, art galleries, boutiques and old buildings teeming with history.

Desde las ventanas es posible obtener vistas de la iglesia de Sant Germain des Près, así como desayunar en algunos de los típicos balcones de este tipo de edificios parisienses mientras se disfruta de las panorámicas. Su privilegiado enclave hace que todo lo que se espera de una visita a París, con cafés como el legendario Les Deux Magots, donde los fantasmas de Jean Paul Sartre y Simone de Beauvoir continúan tomando un café, galerías de arte, tiendas de moda y edificios con sabor a historia, sea posible sólo con el hecho de salir a la calle.

Africa África

HotelCaravanSerai

TenBompas100

Six miles from Marrakech in a small town called Ouled Ben Rahomun, Hotel Caravan Serai opened its doors for business in December 2001 and with it, inaugurated a new concept, the so-called "ethnic chic". Springing from the collaboration between the proprietor, Max Lawrence, and the architects and designers, Charles and Mathieu Boccara, they adopted as their model, to use their own words, "the first house of the world".

Their objective was to reproduce the model of the dwelling native to this area where patios and passageways crisscross and where interiors, with their voluptuousness and vegetation for enjoyment, and exteriors, with their heat and aggressiveness, are interspersed.

A diez kilómetros de Marrakech, en un pequeño pueblo llamado Ouled Ben Rahmoun, el hotel Caravan Serai abrió sus puertas en diciembre del 2001 e inauguró un nuevo concepto: el "etnochic". Este establecimiento es el resultado de la colaboración de su propietario Max Lawrence con los arquitectos y diseñadores Charles y Mathieu Boccara, quienes adoptaron como modelo "la primera casa del mundo", en sus palabras.

El objetivo era reproducir el modelo de vivienda originaria de la zona, en la que patios y pasillos se entrecruzan intercalando el interior –voluptuosidad y vegetación al servicio del disfrute– y el exterior –calor y agresividad–.

Architects: Charles and Mathieu Boccara
Photography: Dorothea Resch / Omnia
Owner: Max Lawrence & Mathieu Boccara
Address: Ouled Ben Rahmoun, Marrakesh. Morocco
E-mail address: info@caravanserai.com
Web site: www.caravanserai.com
Date of construction and opening date: 2001
Rooms: 17, among them 2 suites
General Sevices: Covered swimming pool, restaurant, shop, bar, spa and garden
Services provided in the guest rooms: Living room and minibar

Arquitectos: Charles and Mathieu Boccara
Fotógrafo: Dorothea Resch / Omnia
Propietarios: Max Lawrence & Mathieu Boccara
Dirección: Ouled Ben Rahmoun, Marrakesh. Marruecos
Correo electrónico: info@caravanserai.com
Página web: www.caravanserai.com
Fecha de construcción y apertura: 2001
Número de habitaciones: 17, entre ellas dos suites
Servicios generales: piscina descubierta, restaurante, tienda, bar, spa y jardín
Servicios de que disponen las habitaciones: sala de estar y minibar

Without attempting to invent anything, the designers strove to exhibit the traditional architecture. Consequently, they made use of native materials such as brick and adobe for the walls, different-colored smoothened cement for the floors, or eucalyptus or palm wood beams for the ceilings. The seventeen rooms manage to confer a sense of luxury thanks to the overly-expansive volumes, and the exquisite artisanal finish of the furniture and doors in the purest of Rifian styles. One of the rooms has its own private swimming pool and garden, and all of the reserved spaces are privileged with a living room with a minibar.

Los diseñadores quisieron plasmar la propia arquitectura tradicional sin inventar nada; por ello usaron materiales de la zona como ladrillo y adobe para las paredes, cemento alisado de color para los suelos o vigas de madera de eucalipto y palmeras para los techos. En total, 17 habitaciones en las que la sensación de lujo se consigue mediante los excesivos volúmenes y el exquisito acabado artesanal de muebles y puertas al más puro estilo del Rif. Una de estas habitaciones cuenta con piscina y jardín privados; a todos los espacios reservados se les ha añadido una sala de estar en la que disfrutar de un minibar.

The "ethnic chic" concept encompasses a multicultural design, for example the discothèque or the spa is in the purest of western styles, and the music room or restaurant displays a typical design of this area of Morocco. The hub of the Caravan Serai is the swimming pool zone, where there is also an area for relaxation, and an open-air restaurant. The designers offer the privileged visitors restful, comfortable and exotic ambiences in spaces with a distinct minimalist slant, but that are also true to tradition, in an oriental and western mix.

El concepto "etnochic" engloba un diseño multicultural, como por ejemplo la discoteca o el spa —en el más puro estilo occidental— y la sala de música o el restaurante —en un diseño típico de esta zona de Marruecos—. El eje central del Caravan Serai es el área de la piscina, donde también hay una zona de reposo y de restaurante al aire libre. El deseo de sus creadores en conseguir un ambiente de reposo, exotismo y comodidad en espacios que tienden al minimalismo dentro de la fidelidad a la tradición, en una mezcla de Oriente y Occidente.

Ten Bompas

Originally, Ten Bompas was a private residence in the center of Johannesburg. It was converted into a hotel with ten exclusive suites, a select restaurant, a wine cellar and a swimming pool.

Different designers who normally practise in the Johannesburg area, and who based the artistic motif on diverse African themes, carried out the interior design of each of the suites. For example, Gill Butler designed a suite with an Edwardian atmosphere, which contains colonial furniture and complements, in tribute to the first travelers of the nineteenth century who ventured into South Africa. Another suite, designed by Merina Nicoletta, is a homage to tribal influence.

Originariamente el Ten Bompas era una residencia privada del centro de Johannesburgo, la cual fue convertida en un hotel de diez exclusivas suites, selecto restaurante, bodega y piscina.

Cada una de las suites ha sido decorada por diferentes diseñadores que normalmente realizan su trabajo en Johannesburgo, y que han utilizado el tema de África como motivo artístico; por ejemplo, una de las habitaciones, ambientada en la época eduardiana y decorada por Gill Butler y dedicada a los primeros viajeros del s. XIX que se aventuraron por Sudáfrica, se encuentra decorada con muebles y accesorios coloniales; u otra de las suites diseñada por Merina Nicoletta, dedicada a la influencia tribal.

Architects: Zeghers Saaiman
Photography: David Braun
Owner: Christoff Van Staden / Peter Aucamp
Address: 10 Bompas Road, Dunkeld West, Johannesburg, South Africa
E-mail address: tenbomp@global.co.za
Web site: www.tenbompas.com
Rooms: 10 suites
General Sevices: swimming pool, restaurant
Services provided in the guest rooms: mini bar, fax

Arquitectos: Zeghers Saaiman
Fotógrafo: David Braun
Propietarios: Christoff van Staden / Peter Aucamp
Dirección: 10 Bompas Road, Dunkeld West, Johannesburg. Sudáfrica
Correo electrónico: itenbomp@global.co.za
Página web: www.tenbompas.com
Número de habitaciones: 10 suites
Servicios generales: piscina, restaurante
Servicios de que disponen las habitaciones: mini bar, fax

The guests at Ten Bompas are afforded an exciting extra feature. If they so desire, about six hours drive by car from Johannesburg, they may take part in an unforgettable eco-safari in Manyeli Reserve, which is very near Kruger National Park. The owners of the hotel are also the owners of the reserve. The installations include twelve authentic-style safari tents with double or single beds, and a central main building that houses the facilities for a bar, restaurant and bathrooms. Beside it is placed a swimming pool. The tents are surrounded by the most exuberant of natural vegetation and striking vistas, which altogether afford one the sensation of being in an unexplored wilderness.

Los clientes del Ten Bompas cuentan con la emocionante oportunidad de disfrutar de un eco-safari cerca de Parque Nacional Kruger, en la Reserva Manyeli, a unas seis horas en coche desde Johannesburgo, y propiedad de los dueños del hotel. Las instalaciones cuentan con 12 tiendas en el más puro estilo safari, con camas dobles o individuales, y un edificio central que alberga las funciones de bar, restaurante y cuartos de baño, junto al cual se encuentra una piscina. Las tiendas se hallan rodeadas de la más exuberante naturaleza, con impresionantes vistas y la sensación de encontrarse en un paraje aún por explorar.

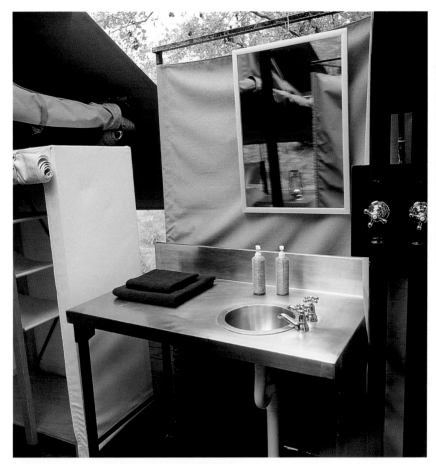

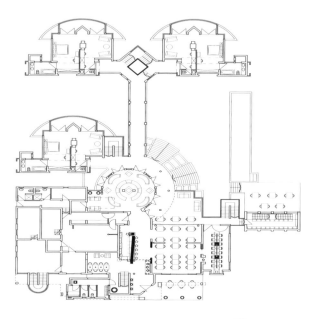

Ground floor Planta baja

0   4   8

The public spaces in the hotel contain interesting African artwork, both sculptures and architectural forms. In the hotel décor the reds, browns and dark blues of masculine and colonial characteristics are combined with autochthonous African colors such as yellow and terra-cota. The hotel has also been outfitted with the latest high technology so that it can be used by busy demanding executives. In the patio are situated different rooms for individual use that include a guest bathroom and a private fireplace.

Los espacios públicos del hotel albergan interesantes piezas de arte africano, tanto de esculturas como de formas arquitectónicas. Los colores con los que se ha decorado el hotel combinan los rojos, marrones y azules oscuros de características más masculinas y coloniales, con los colores autóctonos de África como el amarillo o el terracota. Además, el hotel ha sido dotado con avanzada tecnología, lo cual permite también la estancia a ejecutivos de apretada agenda. Por otro lado, en el patio se ha dispuesto de diferentes salones, para uso individual, que cuentan con cuartos de baños para invitados o chimeneas particulares.

Oceania Oceanía

The Adelphi110

The Adelphi

The Adelphi, an architectural icon in present-day Melbourne, is housed in an old warehouse that was built in 1930 in the center of the city. It provides a good example of an industrial urban area being reconverted into an entertainment area, thanks to the demands of modern society.

Basic to the original design by the architects, Denton, Corker and Marshall, was the façade that consisted of large windows strengthened with reinforced steel that provided light to the interior. The basic structure of the hotel was decisive in the renovation of the space as the vast façade allowed for a more dramatic use of the materials.

El Adelphi, un icono arquitectónico del Melbourne actual ubicado en un antiguo almacén del centro de la ciudad datado en 1930, es el típico ejemplo de espacio urbano que recicla zonas de trabajo en nuevas zonas de ocio en demanda de lo que las sociedades modernas generan.

El edificio original fue diseñado por el equipo de arquitectos Denton Corker Marshall en función de la fachada, recubierta con grandes ventanas reforzadas de acero con las que se provee de luz el interior. La estructura básica del hotel fue decisiva en la renovación del espacio, pues esta extensa fachada permitía una manipulación más efectista de los materiales.

Architects: Denton Corker Marshall
Photography: John Gollings
Owner: Denton Corker Marshall DCM
Address: 187 Flinders Lane, Melbourn, Australia
E-mail address: info@adelphi.com
Web side: www.adelphi.com.au
Rooms: 34
General Services: Restaurant, café, bar
Services provided in the guest rooms: Telephone, fax, air conditioning, television, minibar, swimming pool on the roof and bar with a terrace

Arquitectos: Denton Corker Marshall
Fotógrafo: John Gollings
Propietarios: Denton Corker Marshall DCM
Dirección: 187 Flinders Lane, Melbourne, Australia
Correo electrónico: info@adelphi.com.au
Página web: www.adelphi.com.au
Número de habitaciones: 34
Servicios generales: restaurante, café, bar
Servicios de que disponen las habitaciones: teléfono, fax, aire acondicionado, televisión, minibar, piscina descubierta en la azotea y bar con terraza

The swimming pool can be viewed from the street. It is placed atop an 83-foot-long platform on top of the roof, runs the full length of the building, and a part of it hangs out over the edge. The daring placement atop the building, which affords it lights and colors, is one of the most striking characteristics of the Adelphi. From the terraces there, one is privileged with outstanding views of the pool and the towers of the cathedral of St. Paul.

Desde la calle es posible vislumbrar la piscina, la cual se encuentra en una plataforma –de 25 metros de largo– sobre el tejado y ocupa toda la longitud del edificio, una parte de la cual sobresale de éste y es posible divisarla desde la calle. La arriesgada ubicación de la piscina en la parte superior del edificio, que aporta luces y colores, es uno de los detalles más significativos del Adelphi. Desde sus terrazas, el Club Lounge y el bar ofrecen vistas excepcionales de la piscina y las torres de la catedral de St. Paul.

Sections Secciones

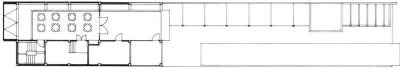

Level 2 of the terrace Nivel 2 de la terraza

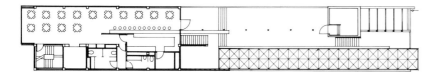

Level 1 of the terrace Nivel 1 de la terraza

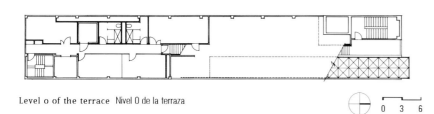

Level 0 of the terrace Nivel 0 de la terraza

The Adelphi design is based on the combination of the exterior manufactured structures, and accentuated with striking colors such as yellow, red or orange which differentiate the original structure from the new. This makes the juxtaposition of the old with the modern, clearer and more contrastive. The objective was the transformation of the building by the successive addition of new elements.

El diseño del Adelphi está basado en la combinación de las estructuras exteriores fabricadas –y reforzadas con colores estridentes como el amarillo, el rojo o el naranja que las diferencian– con la estructura originaria ya existente, lo que hace más clara la yuxtaposición de lo antiguo y lo moderno; el objetivo era la transformación del edificio mediante la suma de nuevos elementos.

US Estados Unidos

Clinton Hotel

The recently inaugurated Clinton Hotel strives to provide a quiet oasis within the bustling enclave in which it is located. It is very near the beach and the fashionable shops of South Beach, which is Miami's Art Deco district.

It is housed in an old rehabilitated building dating from the 1930's. It attempts to allow the true personality of their guests take prominence and afford them with a sensual experience and a place for relaxation and meditation. In the lobby the guests are welcomed with a blue and white "small secret garden" that evokes Caribbean landscapes.

El recientemente inaugurado Clinton Hotel desea ser un refugio en la bulliciosa vida del enclave en el que se encuentra ubicado, muy cerca de la playa y de las tiendas de moda de South Beach, el barrio art déco de Miami.

El objetivo de este hotel, un viejo edificio reformado originario de 1930, es extraer la verdadera personalidad de sus clientes y ofrecerles la posibilidad de encontrar un lugar de reposo y meditación, junto a la posibilidad de que disfruten de una experiencia sensual en su visita. El vestíbulo que recibe al cliente es un "pequeño jardín secreto" azul y blanco que sugiere paisajes caribeños.

Arquitectos: Eric Raffy & Associes
Fotógrafo: Pep Escoda
Propietarios: Clinton Hotel Investors Group
Dirección: 825 Washington Ave, Miami Beach, Estados Unidos
Correo electrónico: hotel@clintonsouthbeach.com
Página web: www.clintonsouthbeach.com
Fecha de apertura: 2003
Número de habitaciones: 89
Servicios generales: restaurante, bar, piscina
Servicios de que disponen las habitaciones: teléfono, televisión, fax

Architects: Eric Raffy & Associes
Photography: Pep Escoda
Owners: Clinton Hotel Investors Group
Address: 825 Washington Ave, Miami Beach, USA
E-mail address: hotel@clintonsouth-beach.com
Web site: www.clintonsouthbeach.com
Opening date: 2003
Rooms: 89
General Sevices: restaurant, bar and swimming pool
Services provided in the guest rooms: telephone, television and fax

One of the essential elements in providing tranquility is the use of water. It is present by way of the view of the thermal water swimming pool that the 89 guest rooms are afforded, the different fountains placed throughout the hotel, or the spaces devoted to the care of the body such as the fitness center. The same architectural team undertook the design of the building as well as the design of the furniture, lamps and diverse objects and complements. The materials selected and the design of the different ambiences are so fashioned so as to afford sensuality.

Uno de los elementos indispensables para encontrar esta calma es la presencia del agua, bien a través de la vista de la piscina de agua termal que disponen las 89 habitaciones, bien a través de las diferentes fuentes de las que dispone el hotel, o de los espacios dedicados al cuidado físico como el centro de fitness.
Tanto la intervención arquitectónica como el diseño de los muebles, lámparas y objetos han sido realizados por el mismo equipo de arquitectos; el objetivo era ofrecer sensualidad tanto en los materiales –caoba– como en la atmósfera de algunos espacios.

Each guest room is endowed with a distinct character. In some rooms chairs, with evocative ribbons, bring to mind the voluptuousness of corsets. In others, the light from the small bedside table lamps simulates the effect of the light of a television in the room. A glass panel placed between the bed and the shower provide visibility between the two spaces. Finally, double-sided mirrors replace traditional partition walls and transform them into windows.

A cada una de las habitaciones se la ha dotado de una personalidad diferente, en algunas de ellas se ha simulado la voluptuosidad de los corsés mediante el diseño de sillas con sugestivos lazos, en otras la luz de las lamparitas de la mesilla de noche produce el efecto de una luz de televisión en la estancia. Entre la cama y la ducha se ha colocado un cristal que permite la visibilidad entre ambos espacios y espejos de doble cara que sustituyen los muros tradicionales y los convierten en ventanas.

The Moderne

In New York to the west of Broadway on centric 55 Street, the Moderne is an example of a small establishment with boutique hotel services. The building is a typical construction in this area of the city. The aesthetic approach to the remodeling of the interiors was as the name indicates.

The entrance leads to a lobby that is a small tribute to New York Art Deco. We can delight in the dark-colored wood soffits that are combined with contemporary details such as metallized plywood.

Al oeste de Broadway, y en la céntrica calle 55 de Nueva York, el Moderne es un ejemplo de pequeño establecimiento con los servicios de boutique hotel. El edificio, una construcción típica de esta zona de la ciudad, ha sido remodelado en su interior para albergar un concepto de hotel que, desde su nombre, no deja lugar a dudas de su filiación estética.

En la entrada nos recibe un vestíbulo que es una pequeña introducción y homenaje al célebre art déco neoyorquino, como el uso de plafones de madera en tonos oscuros, en combinación con detalles contemporáneos que se traducen en contrachapados metalizados.

Fotógrafo: Pep Escoda
Propietarios: Amsterdam Hospitality Group
Dirección: 243 West 55th Street, Nueva York, Estados Unidos
Página web: www.themodernehotel.com
Fecha de apertura: 2002
Servicios generales: bar, restaurante
Servicios de que disponen las habitaciones: televisión, teléfono y vídeo

Photography: Pep Escoda
Owner: Amsterdam Hospitality Group
Address: 243 West 55th Street, New York, US
Web side: www.themodernehotel.com
Opening date: 2002
General Sevices: bar, restaurant
Services provided in the guest rooms: television, telephone and video

In the guest rooms they opted clearly for pop aesthetics by way of reproductions of Andy Warhol works such as the Marilyn Monroe series of lithographs, which are so characteristic a that period. This design is accentuated by the use of furniture of simple design and function, together with bright colors like red or blue, which are so characteristic of the period. Common areas such as the reading room are decorated along this same pop line, which enhances their functionality.

En las habitaciones se ha optado por un diseño que reproduce una estética claramente pop mediante el empleo de reproducciones de obras de Andy Warhol tan representativas de una época como la serie de litografías de Marilyn Monroe. Para reforzar esta propuesta de diseño se ha optado por muebles de línea simple y funcional, junto al uso de colores vivos como el rojo o el azul, que caracterizan claramente esta tendencia. Los espacios comunes, como el área dedicada a la lectura, se encuentran ambientados en este mismo concepto pop, el cual ayuda a potenciar su funcionalidad.

The Sagamore Hotel

In December 2002 the Thompson Hotels chain and Taplin Group announced a joint venture to run the Sagamore Hotel in Miami. Located on the waterfront in the historical Art Deco district in Miami Beach, The Sagamore has 93 suites, 16 bungalows and 8 penthouses, and is home to the art collection of Martin Taplin who is one of the partners.

It was built in 1948 by Albert Anis, one of the most representative North American architects. The interior was completely demolished and rebuilt and the façade was preserved and rehabilitated by Allan Shulman together with the Miami Beach Design Review Board.

En diciembre del 2002 se anuncia la "joint venture" entre la cadena Thompson Hotels y Taplin Group, que unirá en la dirección del Sagamore Hotel de Miami a estos dos grupos. Ubicado en primera línea de mar del histórico distrito art déco de South Beach, el Sagamore alberga, junto a 93 suites, 16 bungalows y ocho penthouses, la colección de arte de uno de los socios, Martin Taplin.

Construido en 1948 por Albert Anis, uno de los más representativos arquitectos norteamericanos, su interior fue demolido totalmente, aunque se conservó la fachada, y reconstruido por el arquitecto Allan Shulman junto a Miami Beach Design Review Board.

Architects: Albert Anis

Remodelation: Allan Shulman

Interiorist: Henri Almanzar / Patrick Kennedy

Photography: Pep Escoda

Owner: Thompson Hotels / Taplin Group

Address: 1671 Collins Avenue, Miami Beach, US

Web site: www.sagamorehotel.com

Date of construction: 1948

Remodelaion: 2002

Rooms: 93

General Sevices: Bar, restaurant, art gallery, covered swimming pool, gymnasium and spa

Services provided in the guest rooms: Television, telephone and video

Arquitecto: Albert Anis

Remodelación: Allan Shulman

Interiorista: Henri Almanzar / Patrick Kennedy

Fotógrafo: Pep Escoda

Propietario: Thompson Hotels / Taplin Group

Dirección: 1671 Collins Avenue, Miami Beach, Estados Unidos

Página web: www.sagamorehotel.com

Fecha de construcción: 1948

Remodelación: 2002

Número de habitaciones: 93

Servicios generales: bar, restaurante, galería de arte, piscina descubierta, gimnasio y spa

Servicios de que disponen las habitaciones: televisión, teléfono y vídeo

The different terraces and the swimming pool allow for the enjoyment of different open-air activities or simply, let one sunbathe and delight in a pleasant rest. The 16 old huts have been converted into bungalows and harmoniously integrated into the overall original architectural plan, which maintains its elongated low L-shaped design. Together with this, natural elements such as the native palm trees and bougainvillea surround the pool and the garden areas, which convey the sensation of a paradise or an idyllic oasis, which is in striking contrast to the refined interior.

Las diferentes terrazas y la piscina del Sagamore permiten el disfrute de las diferentes actividades al aire libre o simplemente tomar el sol y limitarse a estar en un plácido descanso. Las antiguas cabañas que rodeaban la piscina han sido transformadas en 16 bungalows integrados armoniosamente en la base arquitectónica original, que conserva su estructura larga, baja y en forma de L. Junto a todo esto, recursos naturales como las autóctonas palmeras y buganvillas rodean la piscina y las áreas de jardín, con lo cual se consigue un efecto de paraíso y oasis idílico y exuberante en contraste con su refinado interior.

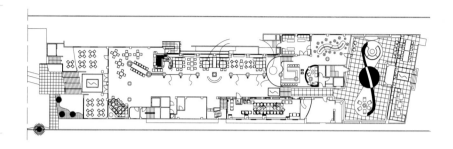

Ground floor Planta baja

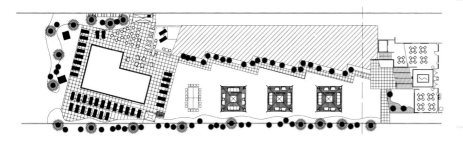

First floor Primer piso

0 4 8

Patrick Kennedy and Henry Almanzar were commissioned with the interior decoration. In the lobby the majority of the restored elements, such as the marble and mahogany counter, are true to their original design. The art gallery occupies practically all of the common spaces and the upper lobby, which is also privileged with direct views of the sea and where columns, reminiscent of classical architecture, are incorporated. The white circular sofa in the lobby calls to mind the renowned Guggenheim Museum in New York. All of the guest rooms are privileged with artwork from different contemporary artists such as Walker Evans or David Stoltz.

El diseño interior ha corrido a cargo de Patrick Kennedy y Henry Almanzar. El vestíbulo acoge la zona en donde la mayoría de los elementos restaurados han respetado su aspecto original, como el mostrador de mármol y caoba roja. La galería de arte ocupa casi todos los espacios comunes y el vestíbulo superior, con vistas directas al mar y en donde se han instalado unas columnas con reminiscencias clásicas. El sofá circular y blanco del vestíbulo recuerda la forma del célebre museo Guggenheim de Nueva York. En cada una de las habitaciones, el huésped dispone de obras de arte de diferentes artistas contemporáneos como Walker Evans o David Stoltz.

Clift

Ian Schrager is the proprietor of emblematic hotels and the legendary Studio 54 discothèque in New York. The Clift is the first hotel that he opened in San Francisco in collaboration with the French designer Phillippe Starck. The objective of the new Clift, which opened in July 2001, was to recuperate its sophisticated past while at the same time, combining it with the new and technological times that characterize San Francisco. To this end the emblematic bar originally built in 1933 called the Redwood Room, conserves its red color wood panels that have characterized it for decades. Instilling an ambience of sophistication, it is decorated with wood furniture using a brown range of colors, and fabrics that include leather and suede. In the guest rooms they opted for an ambience of tranquility and beauty with an Anglo-Saxon touch, with tones that combine ebony, gray and lavender.

El Clift es el primer hotel que Ian Schrager, propietario de emblemáticos hoteles y de la mítica discoteca Studio 54 de Nueva York, ha abierto en San Francisco en colaboración con el diseñador francés Philippe Starck. El objetivo del nuevo Clift, abierto en julio del 2001, fue recuperar el sofisticado pasado en combinación con los nuevos y tecnológicos tiempos que caracterizan el espíritu de San Francisco. Por ello su emblemático bar, originario de 1933 y apodado Redwood Room, conserva sus personales paneles de madera, protagonistas del color rojo que lo ha caracterizado durante décadas. Decorado con muebles en la gama de marrones y con tejidos que incluyen el cuero y el ante, la atmósfera de este lugar destila sofisticación. En las habitaciones se ha optado por ofrecer un ambiente de tranquilidad y belleza, de ecos anglosajones, con tonos que combinan el ébano, el gris y el lavanda.

Architects: McDonald & Applegarth
Interiorist: Philippe Starck
Photography: Todd Eberle / Nicolas Koenig
Owner: Ian Schrager Hotels, LLC
Address: 495 Geary Street, San Francisco, US
E-mail address: clift@ianschragerhotels.com
Web site: www.ianschragerhotels.com
Date of construction: 1913
Opening date: 2001
Rooms: 375
General services: Restaurant, bar, meeting rooms, gymnasium, international press, and special equipment for executives
Services provided in the guest rooms: Bathrooms with dressing table and dressing area, telephone, television, and video

Arquitecto: McDonald & Applegarth
Interiorista: Philippe Starck
Fotógrafo: Todd Eberle / Nicolas Koenig
Propietarios: Ian Schrager Hotels, LLC
Dirección: 495 Geary Street, San Francisco, Estados Unidos
Correo electrónico: clift@ianschragerhotels.com
Página web: www.ianschragerhotels.com
Fecha de construcción: 1913
Fecha de apertura: 2001
Número de habitaciones: 375
Servicios generales: restaurante, bar, salas de reuniones, gimnasio, prensa internacional y equipamiento especial para ejecutivos
Servicios de que disponen las habitaciones: baños con tocador y vestidor, teléfono, televisión y vídeo

Hope Springs

It was built in 1958, totally renovated in 1999 and reopened for business on 1 January 2000. Owing to the original 1950's interior design and architecture, Hope Springs could be any motel from any North American film of that golden and important period.

The owner Steven Samiof and the designer Mick Haggerty based the design on minimalist interiors, which integrate it into the vast and extensive desert of Hot Springs. Thanks to the decorative elements that grant it austerity, the visitor is always aware that he is in a space that is occupying a plot in the middle of the desert.

Construido en 1958 y renovado completamente en 1999, el motel Hope Springs abre sus puertas el 1 de enero del 2000. Por su decoración y arquitectura originarias de la década de los años cincuenta del pasado siglo XX, Hope Springs podría ser cualquier motel de cualquier película norteamericana de una época tan dorada como significativa.

Remodelado por su propietario, Steven Samiof, y el diseñador Mick Haggerty, el motel fue diseñado con interiores minimalistas, los cuales lo integran en el amplio y extenso desierto de Hot Springs. El visitante, gracias a los elementos decorativos que aportan austeridad, es siempre consciente de que se encuentra en un espacio que ocupa una parcela de desierto.

Interiorist: Steve Samiof / Mick Haggerty
Photography: Pere Planells
Owner: Steve Samiof / Misako
Address: 68075 Club Circle Drive, Desert Hot Springs, US
E-mail address: manager@hopespringsresort.com
Web site: www.hopespringsresort.com
Date of construction: 1958
Opening date: 2000
Rooms: 10
General Sevices: Spa, massages, three hot spring water pools, naturalistic menu, solarium
Services provided in the guest rooms: CD player

Interiorista: Steve Samiof / Mick Haggerty
Fotógrafo: Pere Planells
Propietarios: Steve Samiof / Misako
Dirección: 68075 Club Circle Drive, Desert Hot Springs, Estados Unidos
Correo electrónico: manager@hope-springsresort.com
Página web: www.hopespringsresort.com
Fecha de construcción: 1958
Fecha de apertura: 2000
Número de habitaciones: 10
Servicios generales: spa, masajes, tres piscinas de agua caliente mineral, menú naturalista, solárium
Servicios de que disponen las habitaciones: reproductor de CD

The visitor comes here to rest and to disconnect from the tyranny of the everyday routine. To this end the motel offers a spa area, three pools with spring water that provide different medicinal treatments, a solarium, and dining services with health food menus. The extensive exterior spaces allow guests to enjoy outdoor activities such as walks, excursions or other physical activities.

Hope Springs es un lugar al que el viajero llega para descansar y desconectar de las tiranías cotidianas; para ello este motel cuenta con un área de spa y tres piscinas de agua mineral en las cuales, además del solárium, el cliente puede ofrecer cuidados medicinales a su cuerpo y complementarlos con los menús de que este spa dispone, basados en una alimentación sana. La amplitud de los espacios exteriores posibilita el disfrute de actividades al aire libre, como paseos o excursiones y otras actividades físicas.

The premise of the design is reductionism. Since the designers were unable to decide where to place the televisions, they opted to eliminate them. They took a similar approach to the rest of the scarce furniture. Thus, the beds are simple platforms, there are no wardrobes but instead a few shelves and a few hangers for clothes, and the décor in each room is finished off with one or two chairs. The aesthetics of this austere ensemble grant it its character and integrate it into the bareness of the surrounding desert. Thus, we are afforded extremely functional rooms that may even seem luxurious in their simplicity and asceticism.

El diseño del Hope Springs basó su concepto en la idea de reducción; así, incapaces sus diseñadores de decidir dónde poner los televisores, se optó por eliminarlos, al igual que el escaso mobiliario de las habitaciones, en las que las camas son plataformas y los armarios no existen, y donde únicamente se han colocado un par de estanterías y algunas perchas para la ropa. El mobiliario se completa con una o dos sillas en cada habitación. El conjunto de esta austeridad estética es lo que confiere al espacio su personalidad y lo integra en la desnudez del desierto en el cual se ubica. El resultado de todo ello son unas habitaciones extremadamente funcionales, que pueden parecer, incluso, lujosas en su simplicidad y ascetismo.

Hotel Rouge

This is a small hotel of the Kimpton Hotel & Restaurant Group chain. Qualified by "The Washington Post" in one of its articles as one of the best hotels for "young urban nomads", everything is centered on design and the color red.

Located in the most central and fashionable part of Washington, features that are highly valued by visitors, the Rouge occupies a building dating from 1960. Mike Moore, the designer from the West Coast, conceived the design of the establishment, which is in the so-called "luxury boutique hotels" category. He imbued it with its sophisticated aura and its most characteristic and significant element: the color red.

En este pequeño hotel de la cadena Kimpton Hotel & Restaurant Group, calificado por "The Washington Post" en uno de sus artículos como uno de los mejores hoteles para "jóvenes nómadas urbanos", todo está en función del diseño y del color rojo.

Ubicado en la zona más céntrica y de moda de Washington –aspecto muy apreciado por sus visitantes–, el Rouge, cuyo edificio data de 1960, debe su concepto al diseñador de la Costa Oeste Mike Moore, quien ha dotado a este establecimiento, incluido en el grupo de los llamados hoteles boutique de lujo, de su sofisticado aspecto y de su elemento más característico y significativo: el rojo.

Interiorist: Mike Moore

Photography: David Phelps

Owner: Kimpton Hotel & Restaurant Group

Address: 1315 16th Street, Washington DC, US

Web site: www.rouge-dc.com

Date of construction: 1960

Opening date: 2001

Rooms: 137

General Sevices: Bar, restaurant, gymnasium, meeting room, daycare for pets

Services provided in the guest rooms: Television, telephone, music sound system and minibar

Interiorista: Mike Moore

Fotógrafo: David Phelps

Propietarios: Kimpton Hotel & Restaurant Group

Dirección: 1315 16th Street, Washington DC, Estados Unidos

Página web: www.rouge-dc.com

Fecha de construcción: 1960

Fecha de apertura: 2001

Número de habitaciones: 137

Servicios generales: bar, restaurante, gimnasio, sala de reuniones, guardería de animales de compañía

Servicios de que disponen las habitaciones: televisión, teléfono, equipo de música y minibar

French high fashion reminiscent of Coco Chanel is paid tribute to in the glamorous Rouge Bar, which is a meeting point for hotel guests and people in general from Washington. Access to it is also provided by a side door so that it is an open, social and urban site and integrated into the nightlife on offer in the city. The white leather and aluminum stools contrast with the blue and gray walls with linen and towel fabrics, which grant it charm and an old-fashioned return-to-the-past atmosphere. A very theatrical lighting system, the latest music sound system and a changing and well-chosen selection of music, are the final superb touches to the interior design.

La alta costura francesa, con reminiscencias de Coco Chanel, tiene su homenaje en el glamuroso bar Rouge, lugar de encuentro de los huéspedes del hotel y de la ciudadanía de Washington. A este espacio es posible acceder también por una puerta exterior, lo que permite convertirlo en un lugar abierto, social y urbano para integrarlo en las ofertas de ocio de la ciudad. Los taburetes de cuero blanco y aluminio contrastan con las paredes azules y grises junto a telas como lino y toalla, lo cual aporta charme y un aspecto retro a este ambiente. El decorado final es conseguido con un juego de luces muy efectista y un ambiente musical siempre cambiante, en consonancia con el momento.

The color red is the characteristic feature in the common areas – the lobby and the bar – and in the halls and in the private areas, where coverings and upholstery in red Chinese silk and leopard pattern rugs, are used. In the guest rooms, where the headboards are upholstered with red leather and crimson velvet, all sorts of technological conveniences are installed such as high-tech televisions and music sound systems that grant them a certain futuristic air. Likewise, guests may enjoy the "chill rooms", "chat rooms" and "chow rooms" which are the latest concepts in alternative hotel spaces.

El color rojo como señal de identidad destaca en los espacios comunes –vestíbulo y bar– y en los espacios privados, pasillos incluidos –forrados con seda roja china en combinación con alfombras de leopardo-. En las habitaciones, que incorporan materiales como cabeceras tapizadas en cuero rojo y terciopelo carmesí, se han instalado todas las comodidades tecnológicas que aportan al Rouge un cierto toque futurista, como televisores de última generación o altavoces hi-fi. El visitante también puede disfrutar de las "chill rooms", las "chat rooms" o las "chow rooms", nuevos conceptos de espacios alternativos en hoteles.

Hotel Sheraton Centro Histórico

The Hotel del Prado was demolished to make way for it. After forty years of inactivity, the Sheraton Centro Histórico is the first great work projected by Pascal Arquitectos in the heart of Mexico City, just in front of the tree-lined Central and the Plaza de la Solidaridad.

It was inaugurated in 2003 and although it avails guest rooms for tourists in general, it caters especially to business people. To this end more than 64000 square feet of convention space are available with a capacity for 5000 people, as well as simultaneous translation services, a business center, a heliport and a private entrance for cars and buses.

Tras cuarenta años de inactividad, el Sheraton Centro Histórico es la primera gran obra que se proyecta en el corazón de Ciudad de México, de manos de Pascal Arquitectos, justo enfrente de la alameda Central y la plaza de la Solidaridad, tras la demolición del original Hotel del Prado.

Inaugurado en el 2003, este hotel está dirigido esencialmente a hombres y mujeres de negocios —aunque también dispone de habitaciones enfocadas al turismo en general—, por ello el Sheraton cuenta con más de 6.000 m² dedicados a convenciones y una capacidad de afluencia de 5.000 personas junto a servicios como traducción simultánea, centro de negocios, helipuerto y entrada privada para autobuses y automóviles.

Architects: Pascal Arquitectos
Photography: Fernando Cordero
Owner: Inmobiliaria Interpres SA (Starwood Hotels & Resorts World Wide Inc.)
Address: Avenida Juárez 70, Colonia Centro, México DF, México
E-mail address: dirgral@sheraton.com.mx
Web site: www.sheratonmexico.com
Date of construction: 2002-2003
Opening date: 2003
Rooms: 457
General Sevices: Conference and meeting rooms, audiovisual equipment, restaurant, bar, cafeteria, area of shops, jacuzzi, gymnasium and swimming pool
Services provided in the guest rooms: High-tech technology, internet, flat-screen television, minibar and coffee-maker; the suites include a jacuzzi

Arquitectos: Pascal Arquitectos
Fotógrafo: Fernando Cordero
Propietarios: Inmobiliaria Interpres SA (Starwood Hotels & Resorts World Wide Inc.)
Dirección: Avenida Juárez 70, Colonia Centro, México DF, México
Correo electrónico: dirgral@sheraton.com.mx
Página web: www.sheratonmexico.com
Fecha de construcción: 2002-2003
Fecha de apertura: 2003
Número de habitaciones: 457
Servicios generales: salas de reuniones y conferencias, equipamiento audiovisual, restaurante, bar, cafetería, área comercial, jacuzzi, gimnasio y piscina
Servicios de que disponen las habitaciones: tecnología avanzada, internet, televisión con pantalla plana, minibar, cafetera; las suites disponen de jacuzzi

In accordance with government regulations, a portico access leads into the entrance and into the main lobby. This, in turn, gives access to the service area of the hotel: convention rooms, exhibition rooms, cafeterias, restaurants and commercial shops.

Panes of laminated glass cover the façades, which shield the interior from ultraviolet rays and soundproof it as well. The approach to the décor is that of modernity combined with controlled luxury. Thus, the furniture, tapestries and bedspreads assume a certain uniformity with the background of a red, blue, beige and gray chromatic range of colors.

El acceso al vestíbulo del hotel se realiza a través de un acceso principal porticado, por exigencia del organismo que gestiona el patrimonio histórico nacional, que conduce al área de servicios del hotel —espacios para convenciones, salones de exposiciones, cafeterías, restaurantes y locales comerciales—.

En las fachadas han sido colocados vidrios laminados que protegen los interiores de la radiación ultravioleta, además de servir como aislante termoacústico. El espíritu de su decoración es ofrecer modernidad en combinación con lujo controlado; así, por ejemplo, en las habitaciones la gama cromática -rojo, azul, beige y gris- son la herramienta con la que muebles, tapices y colchas adquieren un uniforme diseño.

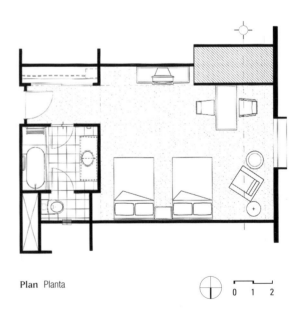

Plan Planta

0 1 2

Apart from being a place to sleep and to rest, the different services that the hotel offers have made it a center for business in Mexico City. Besides these services, one may enjoy both international and local traditional Mexican cuisine. Likewise, one can delight in Sedevinos – an innovative concept in wine bars where one can taste more than 400 different wines – a spa, a swimming pool, florists, individual work areas, teleconference rooms and a wide-range of other services.

Los diferentes servicios del hotel convierten el Sheraton Centro Histórico, además de en un lugar en el que poder dormir y descansar, en un centro de negocios de la Ciudad de México. Junto a esto, el hotel ofrece servicios de restaurantes en los que es posible disfrutar tanto de la comida internacional como de la comida mexicana tradicional, Sedevinos –un innovador concepto de Wine Bars en donde poder degustar más de 400 vinos distintos–, spa, piscina, floristerías, áreas individuales de trabajo, sala de teleconferencias y un amplio número de servicios adicionales.

Topaz Hotel

The Topaz is ideal for lovers of new age culture. Located between one of Washington's currently most chic zones and the business district, this hotel, in the words of its promoters the Kimpton Hotel and Restaurant Group, irradiates wellbeing, positive energy and good Karma. It is designed to afford complete enjoyment and rest to the body, the spirit and the senses.

The designers, Dawson Design Associates, based their inspiration on the peacock, which is a symbol of spirituality in Eastern countries and stands for opulence in the west. All of the philosophy of the Topaz is based on this all-encompassing design, which strives to receive the visitor and afford him physical and psychic wellbeing.

El Topaz es el lugar ideal para los amantes de la cultura new age. Ubicado entre la zona de moda y la zona de negocios de Washington, este hotel destila "bienestar, energía positiva y buen karma" en palabras de sus promotores, el grupo Kimpton Hotel & Restaurant; todo en él está pensado para el disfrute y el descanso del cuerpo, el espíritu y los sentidos.

Sus diseñadores, Dawson Design Associates, han tomado la figura del pavo real como inspiración, símbolo de espiritualidad en los países del este y de opulencia en el oeste. Toda la filosofía del Topaz ha sido basada en este envolvente diseño, cuyo propósito es acoger al visitante y proporcionarle bienestar físico y psíquico.

Interiorist: Dawson Design Associates
Photography: David Phelps
Owner: Kimpton Hotel & Restaurant Group
Address: 1733 N Street, Washington DC, US
Web site: www.topazhotel.com
Opening date: 2001
Rooms: 99
General Sevices: Bar, restaurant, rooms for yoga and energy, meeting rooms and daycare for pets
Services provided in the guest rooms: Television, telephone, newspapers and aromatic baths

Interiorista: Dawson Design Associates
Fotógrafo: David Phelps
Propietarios: Kimpton Hotel & Restaurant Group
Dirección: 1733 N Street, Washington DC, Estados Unidos
Página web: www.topazhotel.com
Fecha de apertura: 2001
Número de habitaciones: 99
Servicios generales: bar, restaurante, salas de yoga y energía, sala de reuniones, guardería de animales domésticos
Servicios de que disponen las habitaciones: televisión, teléfono, prensa y baños aromáticos

The sensuality of the silks and the Asian angora cloths and the western opulence of materials such as leather, help to create this combination of ambiences and cultures, which are interplayed in a superbly balanced way. The yoga and energy rooms are spaces where one may do yoga or physically tune up the body. The minibars in the guest rooms provide a full-range of items from energy drinks to new age CDs. Among the services provided, there is even a personalized horoscope available by telephone every morning, should you so choose.

The Topaz avails to its guests common rooms such as the Enlightenment and Sanctuary Rooms, for the organization of get-togethers. Instead of the traditional meeting, original alternatives based on formulas created by the hotel, are available to the guests. Likewise, Bar Topaz affords the opportunity to partake of creative and international cuisine both for lunches and for dinners, apart from continental breakfasts. Here, in the evening or at night, cocktails are served by waitresses wearing leather go-go-style boots.

La sensualidad de las sedas y las telas de angora asiática y la opulencia occidental de materiales como el cuero ayudan a crear esta combinación de ambientes y culturas para hacerlos conjugar en un equilibrado resultado. Las salas de yoga y las de energía son espacios en los que tanto puede practicarse el yoga como ponerse a punto el estado físico. En el minibar de cada habitación es posible disponer desde bebidas energéticas a CD's de música new age; asimismo, el servicio del hotel incluye un horóscopo personalizado que se ofrece por las mañanas a través de la línea telefónica.

El Topaz también dispone de espacios comunes en los que organizar encuentros, como las salas Enlightenment y las Sanctuary, en donde se ofrecen originales alternativas a las reuniones mediante el uso de las personales fórmulas que sugiere este hotel. Por su parte, el bar Topaz propone una creativa e internacional cocina tanto en almuerzos como cenas, junto a desayunos continentales y cócteles nocturnos servidos por camareras con botas de cuero al más puro estilo gogó.

Ameritania Hotel

Within the category of "boutique hotels", the Ameritania affords an ideal location in the city of New York, at a reasonable price together with exceptional service. This is the philosophy of the Amsterdam Hospitality Group company: offer travelers a hotel where they can delight in an aesthetic experience but without an exorbitant price tag.

The lobby is a fine example in line with the tradition of urban hotels. Here, in an atmosphere of cosmopolitan design, the guests inescapably must carry out a series of routine administrative procedures, wait, while at the same time, they are afforded a slice of life from the bustling exterior.

Dentro de la categoría de los "boutique hotels", el Ameritania ofrece una ubicación ideal en la ciudad de Nueva York a un precio razonable junto a un servicio excepcional. Esta es la filosofía que la compañía Amsterdam Hospitality Group viene proponiendo a aquellos viajeros que prefieren un hotel en el que disfrutar de una experiencia estética sin un gasto excesivo.

La zona del vestíbulo recoge esa tradición de los hoteles urbanos en los que se mezcla la espera de los huéspedes que llevan a cabo sus gestiones con una bocanada de vida exterior que proviene de la ciudad, todo ello en un diseño muy cosmopolita.

Photography: Pep Escoda
Owner: Amsterdam Hospitality Group
Address: 230 West 54th Street, New York, US
Web site: www.theameritaniahotel.com
Opening date: 1999
Rooms: 207,among them 12 suites
General Sevices: Guest rooms for non-smokers, bar and restaurant
Services provided in the guest rooms: Television, music sound system and telephone

Fotógrafo: Pep Escoda
Propietarios: Amsterdam Hospitality Group
Dirección: 230 West 54th Street, Nueva York, Estados Unidos
Página web: www.theameritaniahotel.com
Fecha de apertura: 1999
Número de habitaciones: 207, entre ellas 12 suites
Servicios generales: habitaciones de no fumadores, bar y restaurante
Servicios de que disponen las habitaciones: televisión, equipo de música y teléfono

This approach to design continues in the décor in the guest rooms. Rich materials such as dark-colored woods that grant elegance and sophistication, are combined with more contemporary materials such as plastic or leather with metallic tones. The ambience is complemented by a very effective lighting system that affords privacy and relaxation, while at the same time, a sense of security in midst of this a bit impersonal and alienating urban milieu. Despite the vanguard design, the guest rooms are instilled with an atmosphere of homely warmth.

En las habitaciones se ha continuado con la línea de decoración del Ameritania, en la que se mezclan materiales nobles, como maderas de tono oscuro para aportar elegancia y sofisticación, con materiales que representan una cultura mucho más contemporánea, como el plástico o el cuero de tonos metalizados. El ambiente se complementa con un juego de luces muy efectivo, que crea intimidad y descanso así como sensación de seguridad en medio del desamparo de la gran urbe. A pesar de su diseño vanguardista, en las habitaciones se ha optado por recrear la atmósfera cálida del hogar.

There are practically no hotels that do not pride themselves on contributing to the dynamics of the city. The Ameritania can boast of this too thanks to its lounge, of sophisticated and daring concept and design. The red hues that recreate past decades when the "boites" ruled the nightlife, together with colors that go the full range from green to orangish tones, instill a touch of adventure and nocturnality to the space. The original function of the space of simply affording the guest a space with character for extra enjoyment, is extended as other spaces have been created within it, such as a Russian doll ambience.

No existe hotel que no se precie de aportar dinamismo a la ciudad, el Ameritania contribuye a ello con un lounge sofisticado y atrevido en concepto y diseño. Los tonos rojos que recrean las décadas pasadas en las que las "boîtes" reinaban en las noches, junto a gamas que van del verde al anaranjado, aportan el rasgo de aventura y nocturnidad al espacio. Las funciones originarias de esta sala han sido extendidas más allá del servicio extra de ofrecer un espacio con personalidad, pues dentro del mismo ambiente se han recreado otras atmósferas diferentes, cual muñeca rusa.

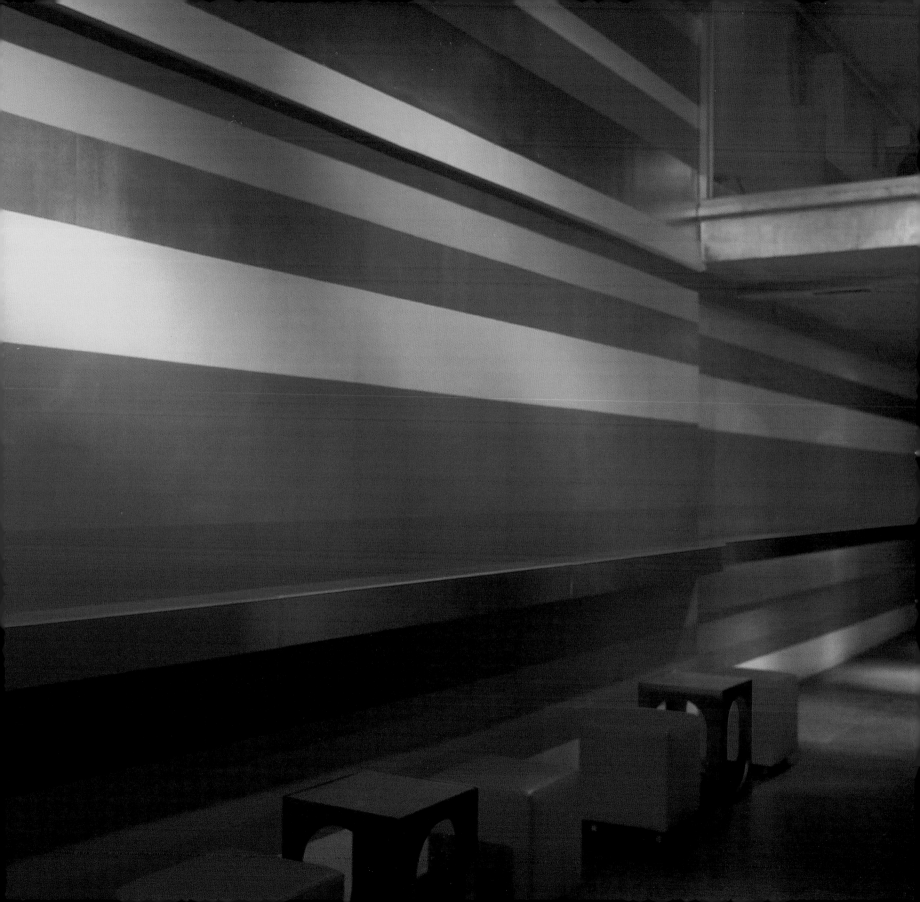

The Marlin

Like the majority of the hotels in the famous Art Deco district in Miami Beach, The Marlin has a long history and has undergone remodeling on several occasions. Presently, it is owned by the Island Outpost chain. It was built by the architect L. Murray Dixon in 1939, completely rebuilt in 1997 and thoroughly redesigned by Barbara Hulanicki in 2001.

Altogether, it houses 12 unique and exclusive guest rooms, each decorated with a different style, which afford the guest the sensation of being in a spacious contemporary urban loft. The Marlin also offers other services such as direct contacts with the Elite and South Beach Studios modeling agencies.

Como la mayoría de los hoteles del famoso distrito art déco de Miami Beach, el Marlin posee una antigua historia y sucesivas remodelaciones. Actualmente propiedad de la cadena Island Outpost, este edificio fue construido originariamente por el arquitecto L. Murray Dixon en 1939, reconstruido totalmente en 1997 y rediseñado íntegramente por Barbara Hulanicki en el 2001.

En total, 12 únicas y exclusivas habitaciones, todas ellas decoradas en diferentes estilos, que transmiten al huésped la sensación de encontrarse en un espacioso loft contemporáneo y urbano. Además, el Marlin ofrece otros servicios como contactos directos con la agencia de modelos Elite y South Beach Studios.

Architects: L. Murray Dixon
Interiorist: Barbara Hulamicki
Photography: Pep Escoda
Owner: Island Outpost Ltd.
Address: 1200 Collins Avenue, Miami Beach, Florida, US
Web side: www.islandoutpost.com
Date of construction: 1939
Opening date: 2000
Rooms: 12
Servicios generales: Bar, restaurant, laundry and swimming pool.
Servicios que disponen las habitaciones: Telephone, television, minibar and music sound system

Arquitectos: L. Murray Dixon
Interiorista: Barbara Hulamicki
Fotógrafo: Pep Escoda
Propietarios: Island Outpost Ltd.
Dirección: 1200 Collins Avenue, Miami Beach, Florida, Estados Unidos
Página web: www.islandoutpost.com
Fecha de construcción: 1939
Fecha de apertura: 2000
Número de habitaciones: 12
Servicios generales: bar, restaurante, lavandería y piscina
Servicios de que disponen las habitaciones: teléfono, televisión, minibar y equipo de música

They opted for a metalized gray reminiscent of stainless steel in the common areas in both the bar and in the lobby. The furniture is laid out in such a way that it creates ambiences that facilitate social relations, chatting, people watching and being seen. The metalized tone grants luminosity which could seem cold but as it is combined with upholstered furniture, a curious effect, somewhere between reality and appearance, is generated.

El color elegido para las zonas comunes es un gris metalizado que imita el acero inoxidable, tanto para la zona del bar como para el vestíbulo. La disposición del mobiliario permite la creación de atmósferas en donde se fomenta la relación social, la charla y el observar y ser observado. El tono metalizado aporta una luminosidad que podría parecer fría pero que al encontrarse en muebles tapizados es contrarrestada hasta generar un curioso efecto entre realidad y apariencia.

The lounge is much funkier and provides us with an atmosphere that is very distinct from the hotel. It is decorated with mirrors, sofas, puffs and tables that bring to mind the furniture of a discothèque of the seventies. This, combined with the range of lilacs and browns, make it the ideal place to spend a Miami night in.

El lounge, mucho más funky, aporta otro ambiente muy distinto al hotel. Decorado con espejos, sofás, pufs y mesas que recuerdan el mobiliario de una discoteca de la década de los setenta, y en una gama de lilas y morados, es el lugar ideal para las interesantes noches de Miami.

Each of the guest rooms boasts a distinct décor and they strove to imbue them with warmth, as they are the most intimate spaces in the hotel and the place where comfort is at its utmost. Thanks to soft colors like browns, earth colors and beiges combined with the intelligent lighting system, the atmosphere achieved makes the guests feel at home. The metalized gray of some of the furniture pieces links the décor to that of the common areas.

En las habitaciones, cada una de ellas diferente, se ha querido aportar calidez porque es el lugar más íntimo del hotel y en el que la comodidad es la máxima. Con la ayuda de colores suaves como marrones, tierra y beiges, junto a un juego de luces adecuado, la atmósfera que se alcanza en cada una de ellas es muy próxima a la que puede encontrarse en el propio hogar. El gris metalizado se sugiere en algunos muebles para crear una correspondencia con la decoración de los espacios comunes.

Mondrian

The Mondrian, located on the world-renown Sunset Boulevard in Los Angeles, was opened in December 1996. One of the main objectives of the Schrager-Phillippe Starck partnership is manifest here: to create mystery and adventure in hotels, since they are not simply places to be in, but rather, are an opportunity for experiencing emotions. Within the category of "boutique hotels", in the Mondrian Starck redefines and modernizes the legendary concept of Hollywood glamour.

The spirit of this establishment brings together the essence of the California life-style as it incorporates open spaces, terraces, and an outdoor leisure concept, and the personal combination of informality and sophistication, which so personifies Hollywood.

El Mondrian, ubicado en el universalmente conocido Sunset Boulevard de Los Ángeles y abierto en diciembre de 1996, obedece al principal objetivo del equipo Ian Schrager-Philippe Starck: crear misterio y aventura en hoteles que no simplemente son lugares para estar, sino que ofrecen la oportunidad de disfrutar de experiencias emocionales. Dentro de los llamados "boutique hotels", Starck redefine y moderniza en el Mondrian el legendario concepto de glamour hollywoodiense.

El espíritu de este establecimiento destila la esencia del estilo de vida californiano con la incorporación de espacios abiertos, terrazas, un concepto del ocio al aire libre y la personal combinación de informalidad y sofisticación que destila Hollywood.

Interiorist: Philippe Starck
Photography: Todd Eberle
Owner: Ian Schrager Hotels, LLC.
Address: 8440 Sunset Boulevard, Los Ángeles, California, US
E-mail address: mondrian@ianschragerhotels.com
Web site: www.ianschragerhotels.com
Rooms: 245
General Sevices: Rooms for non-smokers, meeting rooms, equipment for executives, audiovisual equipment, bar, restaurant and gymnasium
Services provided in the guest rooms: Cable television, telephone, fax, mini-kitchen, exclusive decoration and design furniture

Interiorista: Philippe Starck
Fotógrafo: Todd Eberle
Propietarios: Ian Schrager Hotels, LLC.
Dirección: 8440 Sunset Boulevard, Los Ángeles, California, Estados Unidos
Correo electrónico: mondrian@ianschragerhotels.com
Página web: www.ianschragerhotels.com
Número de habitaciones: 245
Servicios generales: salas de no fumadores, salas de reuniones, equipamiento para ejecutivos, equipo audiovisual, bar, restaurante y gimnasio
Servicios de que disponen las habitaciones: televisión por cable, teléfono, fax, mini cocina, decoración y muebles de diseño exclusivo

Two concepts basic to the Mondrian and to other hotels of this chain, are the socializing lobby and the idea of the hotel as a theater. As occurred before in bars and discothèques, in this new type of hotels the lobby takes prominence thanks to a décor that creates a fantasy almost surreal atmosphere, an ambience of adventure, relaxation and mystery. They achieve this by way of incorporating together in the same atmosphere, interior and exterior spaces, and the emplacement of original chairs. Regarding the second concept, the intention is that the guest feels part of the action enveloping him in the hotel, and that he take part.

Dos conceptos básicos en el Mondrian y otros hoteles de esta cadena son un vestíbulo socializador y la visión del hotel como teatro. Como antaño los bares y las discotecas, en este nuevo tipo de hoteles el vestíbulo ocupa un lugar central gracias a una decoración que consigue recrear un ambiente de ensoñación que roza lo surreal, de aventura, de descanso y de misterio. Esto se consigue mediante la incorporación de espacios exteriores e interiores en un mismo ambiente y la disposición de originales asientos para su disfrute. El segundo de estos conceptos intenta que el visitante se sienta parte de la acción que se desarrolla en el hotel e interactúe.

In order to complement the exigencies of contemporary guests, a third concept present in the Mondrian is, natural sophistication. In an attempt to distance himself from the sumptuousness and affectation so in vogue in past decades, he attempts to recreate a restful atmosphere and a return to simplicity. Consequently, one of the characteristic traits of Phillipe Starck's work is its humanism. In the guest rooms he attempted to capture the exterior and bring it into the interior, while at the same time affording comfort combined with elegance. Spirituality and functionality are at the service of the guest.

Como complemento de estos trazos catalizadores de las exigencias del público contemporáneo en general, un tercer concepto del Mondrian es la sofisticación natural. Su diseño pretende alejarse de las suntuosidades y artificios en boga en décadas anteriores para recrear un ambiente de descanso y vuelta a la sencillez, no en vano uno de los rasgos característicos de su diseñador, Philippe Starck, es el reconocido humanismo de sus trabajos. En las habitaciones, el objetivo ha sido atrapar el exterior y transportarlo dentro, a la vez que proporcionar comodidad en combinación con elegancia. Espiritualidad y funcionalidad al servicio del huésped.

Albion South Beach

When the Rubell Family acquired and remodeled The Albion South Beach in 1997, they recuperated a piece from the past from the historical Art Deco district in Miami Beach. The Hotel Albion is one of the masterpieces created in 1939 by Igor Polevitsky. He was an architect that was influenced by the Bauhaus movement and his objective, according to his own words, was to design "a luxurious ocean on dry land".

During the last decade of the twentieth century, the original asymmetrical forms granting the appearance of a luxury transatlantic ship of the thirties were respected, when the remodeling of the hotel was carried out.

Cuando la familia Rubell adquirió y remodeló el Albion South Beach, en 1997, recuperó una parcela de pasado del histórico distrito art déco de Miami Beach. El hotel Albion es una de las obras maestras creadas en 1939 por Igor Polevitsky, arquitecto influenciado por la corriente Bauhaus, quien pretendía diseñar, según sus palabras, "un lujoso océano en tierra seca".

En la última década del siglo XX el hotel fue remodelado respetando las asimétricas formas originarias que lo asemejan a un transatlántico de lujo de la década de los años treinta.

Architects: Igor Polevitsky

Photography: Pep Escoda

Owner: Rubell Hotels

Address: 1650 James Avenue, Miami Beach, Florida, US

Web side: www.rubellhotels.com

Remodelation: 1939

Rooms: 96

General Sevices: Heated covered swimming pool, gymnasium, bar restaurant, garden and meeting rooms

Services provided in the guest rooms: Television, telephone, music sound system and minibar

Arquitectos: Igor Polevitsky

Fotógrafo: Pep Escoda

Propietarios: Rubell Hotels

Dirección: 1650 James Avenue, Miami Beach, Florida, Estados Unidos

Página web: www.rubellhotels.com

Remodelación: 1939

Número de habitaciones: 96

Servicios generales: piscina descubierta de agua caliente, gimnasio, bar, restaurante, jardín y salas de reuniones

Servicios de que disponen las habitaciones: televisión, teléfono, equipo de música y minibar

The different levels of the hotel are reminiscent of the different decks of a ship. Likewise, the small circular windows with views of the pool give one the sensation of enjoying views of the sea from the inside of the ship's cabin. The chimney and the straight lines of the building suggest shapes that give the impression of a huge ship anchored on solid land. The leafy views of the garden grant serenity to those in search of a peaceful enclave in the midst of the urban bustle. The water in the swimming pool is maintained at a constant ideal bathing temperature all year long and surrounding it, is a platform that is ideal for sunbathing.

Los diferentes niveles del hotel simulan los desniveles de la cubierta de un barco, al igual que las pequeñas ventanas circulares con vistas a la piscina provocan la ilusión de disfrutar de vistas al mar desde el interior de un camarote. La chimenea y las líneas rectas del edificio aportan los rasgos que hacen parecer al Albion un gran buque anclado en tierra firme. Las frondosas vistas de los jardines aportan serenidad a quien desee encontrar un pequeño espacio en el que escapar justo en medio de la urbe. El agua de la piscina se mantiene constantemente en una temperatura ideal para el baño y, alrededor, una plataforma es el lugar ideal en donde tomar el sol.

The true hub of the Albion is its restaurant, The Pantry, with both indoor and open-air dining. Diners may enjoy a synthesis between refined elegance and a feeling of homemade, apart from being able to partake of meals where health considerations are of prime importance and natural products from the surrounding area are served. Located in the lobby, The Albion Bar, whose specialty is champagne with fruit nectars, opens at 6 a.m. and is the ideal place to observe people and to be seen.

El verdadero epicentro del Albion es el restaurante The Pantry -con asientos fuera y dentro de este espacio-, donde su clientela encuentra la síntesis entre una refinada elegancia y una sensación de sentirse como en casa, además de la degustación de comidas cuya máxima preocupación es la salud y en las que se sirven productos naturales de la zona. Abierto desde las 6.30 horas de la mañana y situado en el vestíbulo, The Albion Bar, cuya especialidad es el champán con néctar de frutas, es el mejor lugar para observar y ser observado.

The Commodore

The Commodore belongs to the Joie de Vivre Hospitality chain and is located in downtown San Francisco. It is very near such emblematic places such as Chinatown, North Beach or the Cable Cars. Its charm resides in the combination of decorative styles from different periods. The biography of this hotel is like a history book that unfolds and tells the story of each epoch.

It opened its doors in 1928 as a hotel for merchant marines and was periodically remodeled until the middle of the nineties when Oren Bronstein undertook the last renovation, which granted it its more or less final appearance. At the end of the former decade some rooms like the Red Room were redesigned.

El encanto del Commodore –perteneciente a la cadena Joie de Vivre Hospitality–, ubicado en el "downtown" de San Francisco y muy cerca de lugares emblemáticos de la ciudad como Chinatown, North Beach o Cable Cars, radica en su combinación de estilos decorativos de diferentes épocas y que explican por sí mismos, como si de un libro de historia se tratara, la biografía de este hotel.

El Commodore abrió sus puertas en 1928 como hotel para comerciantes marinos y fue sucesivamente remodelado en el tiempo hasta llegar a mediados de la década de los noventa, época en la que de la mano del diseñador Oren Bronstein adquirió parte de su aspecto actual; un poco más tarde, ya a finales del anterior decenio, otras estancias, como la Red Room, fueron definitivamente rediseñadas.

Photography: Roger Casas
Owner: Joie de Vivre Hospitality
Address: 825 Sutter St., San Francisco, US
Web site: www.thecommodorehotel.com
Remodelation: 1996
Rooms: 110
General Sevices: Bar, restaurant, night club
Services provided in the guest rooms: Television, telephone, rooms for non-smokers

Fotógrafo: Roger Casas
Propietarios: Joie de Vivre Hospitality
Dirección: 825 Sutter St., San Francisco, Estados Unidos
Página web: www.thecommodorehotel.com
Remodelación: 1996
Número de habitaciones: 110
Servicios generales: bar, restaurante, sala de fiestas.
Servicios de que disponen las habitaciones: televisión, teléfono, habitaciones de no fumadores

The neo Art Deco design, with murals and furniture inspired from the twenties in the lobby and in the guest rooms, which was the period of maximum splendor in this North Pacific area, is combined perfectly with the Titanic Café of fifties aesthetics, which is more juvenile in concept but which was witness to another bustling period in "the American way of life". The spacious guest rooms named after some of the most well-known sites in San Francisco such as the Waterfront Room or the Historical Market Street Room, are decorated with a broad chromatic range in the same neo Art Deco style as the lobby.

La línea neo déco, con murales y muebles inspirados en la década de los años veinte del vestíbulo y las habitaciones, época de esplendor de esta área de North Pacific, combina perfectamente con la estética de los años cincuenta del Titanic Café, más juvenil en su concepto pero, a la vez, testigo de otro periodo efervescente del "american way of life". Las amplias habitaciones del hotel, con nombres de lugares significativos de San Francisco —como por ejemplo, Waterfront Room o Historial Market Street Room— están decoradas en el mismo estilo neo déco que el vestíbulo y con una generosa gama cromática.

The murals and the dramatic mosaics that adorn the walls of the Commodore confer it some of the personality of San Francisco, a city where some of the Mexican painter Diego Rivera's murals are displayed. The Red Room, which is decorated in the purest "boite" style of New York, is deliberately the most decadent of the rooms of the hotel. An attempt at cosmopolitanism and the intensity of the nights of San Francisco are apparent in the bright red that is used for decorating all of the room. Annexed to the hotel, the Titanic Café offers a varied selection of genuine American dishes all throughout the day.

Los murales y los dramáticos mosaicos que adornan las paredes del Commodore aportan parte de la personalidad de San Francisco, ciudad que alberga algunos de los murales de pintor mexicano Diego Rivera. La Red Room, decorada al más puro estilo "boîte" de Nueva York, es la estancia más intencionadamente decadente del hotel. La búsqueda de cosmopolitismo y la intensidad de las noches de San Francisco han querido ser plasmadas en el intenso color rojo que decora todo este espacio. A su vez, el Titanic Café, anexo al hotel, ofrece una genuina y variada selección de platos de la cocina norteamericana a lo largo del día.

The Time

To the east of busy Broadway, very near emblematic Times Square in New York and with privileged vistas of it from the windows, the Time attempts to absorb the vitality of this famous New York square.

Adam D. Tihany, the designer, and Vikram Chatwal, the owner, premised the design on an attempt to offer luxury and refinement in the heart of an area that is the symbol of cosmopolitanism. The concept is based on the primary colors.

Muy cercano a la emblemática Times Square de New York —al este del efervescente Brodway— el The Time, se propone como objetivo absorber toda la vitalidad de esta famosa esquina neoyorquina, de la cual el hotel dispone de vistas desde su terraza.

El componente esencial en el que descansa el concepto del The Time, diseñado por Adam D. Tihany, y basado a su vez en el deseo de su propietario, Vikram Chatwal, de ofrecer lujo y refinamiento en el corazón de una zona que ya es el símbolo del cosmopolitismo, son los colores primarios.

Interiorist: Adam D. Tihany

Photography: Michael Mundy

Owner: Vikram Chatwal

Address: 224 West 49th Street, New York, US

Web site: www.thetimeny.com

Opening date: 2000

Rooms: 200

General Sevices: Rooms for non-smokers, rest rooms, complete laundry services, currency exchange, personal waiter, room service 18 hours a day

Services provided in the guest rooms: Telephone, Xerox copier, printer, fax, minibar, television and newspapers

Interiorista: Adam D. Tihany

Fotógrafo: Michael Mundy

Propietarios: Vikram Chatwal

Dirección: 224 West 49th Street, Nueva York, Estados Unidos

Página web: www.thetimeny.com

Fecha de apertura: 2000

Número de habitaciones: 200

Servicios generales: salas de no fumadores, lavado, secado y planchado de ropa, cambio de moneda, camarero personal y servicio de habitaciones 18 horas

Servicios de que disponen las habitaciones: teléfono, fotocopiadora, impresora, fax, minibar, televisión y periódicos

In Time one feels, eats, smells and touches the colors. The philosophy is that of color at the service of the guests. The guests that come again to lodge there, are fully aware of the colors that they prefer, depending on their mood and the nature of their visit. Likewise, the principles of feng shui are followed for the placement of the objects in the rooms. Everything in Time is oriented to the senses.

En el The Time los colores se sienten, se comen, se huelen y se tocan. Este establecimiento ha desarrollado una filosofía del color al servicio, por supuesto, de sus visitantes; aquellos huéspedes que vuelven al hotel ya lo hacen sabiendo qué colores prefieren en cada ocasión, en función de su estado de ánimo y de la naturaleza de su visita. Asimismo, la disposición de objetos en las estancias está reglada por los principios del feng shui; todo en el The Times está enfocado a los sentidos.

Common and private spaces are delimited by means of chromatic variations. Thus, the common areas are furbished with light colored furniture with a background of panels of dark wood. This is in contrast to the private areas where yellow, red and blue are the colors. In the guest rooms the different colors can be found all throughout the room. The headboards and bedspreads dictate the scheme although all throughout the room different objects help to create this vivacious color atmosphere.

La separación entre espacios comunes y privados se materializa mediante la distinción de las áreas a través de una variación cromática; así, por ejemplo, las zonas comunes se han decorado con muebles de colores claros sobre un fondo de paneles de madera oscura que crean un contraste con los espacios privados, donde los colores son el amarillo, el rojo o el azul. En las habitaciones de invitados, los distintos colores se distribuyen por todo el espacio, las cabeceras y cobertores de las camas son los que marcan la pauta, aunque por toda la habitación se encuentran desperdigados otro tipo de objetos que ayudan a crear esta vivencia del color.

Bedrooms
Habitaciones

Bathrooms
Baños

Halls
Zonas de recepción

Outdoor spaces
Terrazas

Pools
Piscinas

Bars
Bares

Furniture
Mobiliario

Lighting
Iluminación

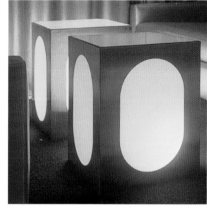

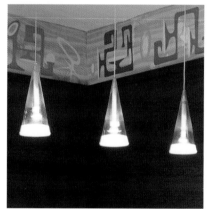

La Fundición, 15 Polígono Industrial Santa Ana 28529 Rivas-Vaciamadrid Madrid Tel. 34 91 666 50 01 Fax 34 91 301 26 83 asppan@asppan.com www.onlybook.com

Arquitectura de casas
Spectacular Houses
ISBN: (E/GB) 84-89439-18-4

Casa en el campo
Country Homes
ISBN: (E) 84-89439-34-6
ISBN: (GB) 84-89439-35-4

Hoteles exclusivos
ISBN: (E) 84-89439-73-7

Del minimalismo al maximalism
Do minimalisnmo ao maximalismo
ISBN: (E/P) 84-89439-76-1

Pubs
ISBN: (E) 84-89439-68-0

Refugios junto al mar
ISBN: (E) 84-89439-99-0

Viviendas remodeladas/
Vivendas remodeladas
ISBN: (E/P) 84-89439-99-0

Cocinas y baños
ISBN: (E) 84-89439-19-2

Piscinas
ISBN: (E) 84-89439-31-1

Estados Unidos de America
ISBN: (E/P) 84-89439-98-2

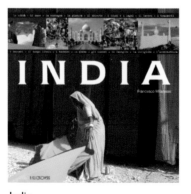

India
ISBN: (E) 84-96048-15-2

Lofts
ISBN: (E) 84-89439-27-3

E: texto en español   GB: texto en inglés   IT: texto en italiano   D: texto en alemán   P: texto en portugués   J: texto en japonés

Foster and Partners
ISBN: (E) 84-96048-01-2

Otto Wagner
ISBN: (E) 84-89439-83-4

Jean Nouvel
ISBN: (E) 84-96048-00-4

Charles Rennie Mackintosh
ISBN: (E) 84-89439-97-4

Gaudí, arquitectura modernista
en Barcelona/Gaudí, Modernist
Architecture in Barcelona
ISBN: (E) 84-96048-16-0
ISBN: (GB) 84-96048-17-9

Josep Lluís Sert
ISBN: (E) 84-96048-19-5

Gaudí. Obra completa
Gaudí. Complete works
ISBN (E): 84-89439-90-7
ISBN (GB): 84-89439-91-5

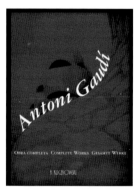

Antoni Gaudí. Obra completa,
Antoni Gaudí. Complete Works
Antoni Gaudí. Gesamte Werke
ISBN: (E/GB/D) 84-89439-75-3

Barcelona y Gaudí. Ejemplos modernistas/
Barcelona and Gaudí. Examples of
modernist architecture
ISBN: (E)   84-89439-64-8
ISBN: (GB) 84-89439-65-6

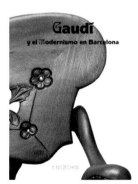

Gaudí y el Modernismo en Barcelona/
Gaudí and Modernism in Barcelona
ISBN: (E)   84-89439-50-8
ISBN: (GB) 84-89439-51-6

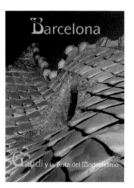

Barcelona, Gaudí y la Ruta
del Modernismo
ISBN: (E)   84-89439-50-8
ISBN: (GB) 84-89439-51-6
ISBN: (D)   84-89439-58-3
ISBN: (I)   84-89439-59-1

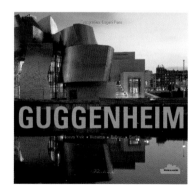

Guggenheim
ISBN: (E)   84-89439-52-4
ISBN: (GB) 84-89439-53-2
ISBN: (D)   84-89439-54-0
ISBN: (IT) 88-8058-183-X
ISBN: (P)   84-89439-63-X

Antoni Gaudí-Salvador Dalí
ISBN: (E) 84-89439-37-0
ISBN: (GB) 84-89439-38-9

Josep Lluís Sert-Joan Miró
ISBN: (E) 84-96048-51-9
ISBN: (GB) 84-96048-52-7

Maximalism/Maximalismo
ISBN: (E/GB) 84-96048-50-0

Veleros
ISBN (E): 987-9474-06-6

Cafés. Designer & Design
Cafés. Arquitectura y diseño
ISBN (E/GB): 84-89439-69-9

Restaurantes al aire libre
Open-air Restaurants
ISBN: (E/GB): 84-96048-20-9

Madrid
ISBN: (E)   84-89439-88-5
ISBN: (GB) 84-89439-89-3

Barcelona de noche
Barcelona by Night
ISBN: (E)   84-89439-71-0
ISBN: (GB) 84-89439-72-9

Escaleras
ISBN: (E) 84-89439-26-5

Berlín
ISBN: (E) 84-89439-39-7

Londres
ISBN: (E) 84-89439-41-9

Puentes
ISBN: (E) 84-89439-30-3